조선 최초의 여중군자
장계향

역사의 책갈피에 숨어 있는 옛 여성들의 이야기,
여성 인물 도서관에서 꺼내 읽어 보세요.

조선 최초의 여중군자
장계향

김경옥 글 | 안혜란 그림

차례

인물 소개 — 6
인물 관계도와 연표 — 8

금계마을의 경사 — 10

영특한 계향 — 16

계향이 들고 온 오미자 착면 — 29

함께 아파하는 〈학발시〉 — 39

여자의 길과 유생들 — 48

소녀 무사의 꿈 — 62

음식은 곧 그 사람이다   69

충효당의 가마솥   83

친구의 편지   97

영양 석보촌, 배고픔을 이겨 내다   109

《음식디미방》의 나눔   118

그때 그 사건 #임진왜란 #경신_대기근   128
인물 키워드 #여중군자   130
인물 그리고 현재 #음식디미방 외   134

인물 소개

장계향(1598~1680)

오랫동안 계속됐던 임진왜란이 끝났지만 정묘호란과 병자호란 그리고 경신 대기근 등 유난히 힘든 일이 많았던 조선 후기. 양반 가문에서 태어나 평생 편하고 곱게 살 수 있었던 장계향은 춥고 배고픈 사람들을 모두 불러 모으는데…….

'어려운 사람을 돕고 세상에 좋은 일을 하는 사람이 되고 싶어.'

가난한 사람들에게 늘 베풀면서 그들에게 나눠 줄 정성과 예의도 잊지 않았던 선한 여인, 도움이 필요한 사람들을 모른 척하지 않았던 정의로운 여인.

도토리나무 숲을 가꾸어 배고픈 사람들을 살게 한 조선 최초의 여중군자, 장계향의 삶을 들여다보자.

인물 관계도와 연표

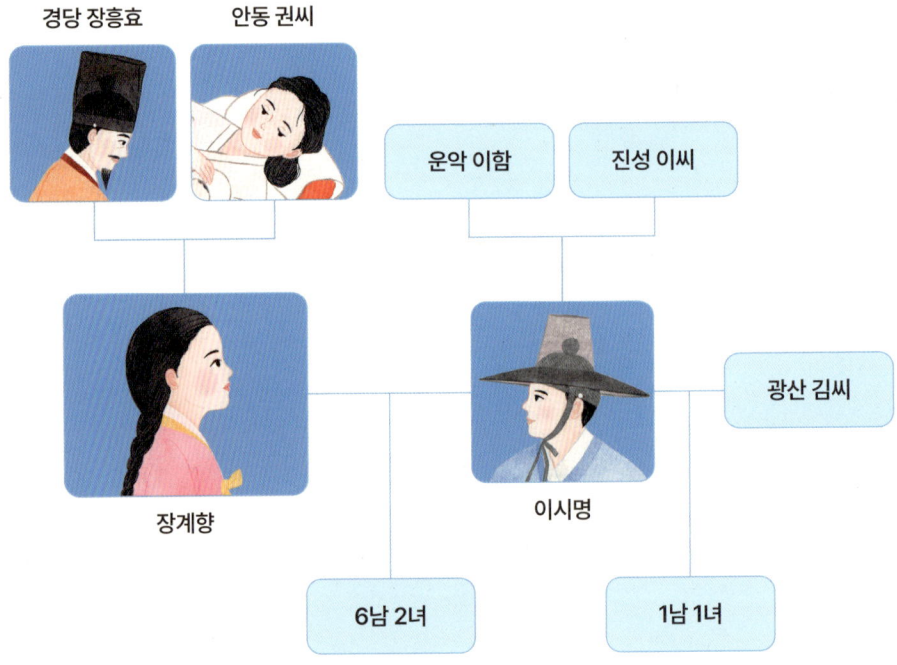

1598년 11월	경당 장흥효와 안동 권씨 사이에서 태어남.
1610년	시 〈성인음〉, 〈학발시〉, 〈경신음〉, 〈소소음〉 등을 지음.
1616년	이시명과 혼인함. 시댁인 충효당에서 생활하며 어려운 사람들을 도와줌.
1640년	재산을 남겨두고 영양 석보촌 두들마을로 이사함. 어려운 사람들에게 가진 것을 나누는 일을 계속함.
1659년	어릴 때 쓴 시 〈성인음〉, 〈소소음〉을 이시명이 붓글씨로 적고, 아들 휘일의 아내가 수를 놓아 재령 이씨 집안의 전가보첩을 만듦.
1670년	한글 조리서 《음식디미방》을 완성함.
1674년 8월	이시명이 세상을 떠남.
1680년 7월	세상을 떠남.
1689년 8월	아들 갈암 이현일이 이조 판서 관직에 올라 그 어머니 자격으로 정부인에 추증됨.

금계마을의 경사

　초겨울로 접어들었지만 안동 금계마을의 햇살은 따사로웠다. 흥효는 아침 일찍부터 세수하고 단정히 옷을 갖춰 입었다. 오랫동안 기다려 온 아기가 드디어 오늘 태어날 것만 같은 예감이 들었다. 어젯밤부터 아내인 권 씨에게 산통이 왔기 때문이었다.
　'얼마나 기다려 왔나.'
　흥효는 마음이 뭉클해졌다. 아이 없이 지내 온 세월이 18년이나 되었다. 제일 안타까운 것은 부인 권 씨가 늘 죄인처럼 미안해하는 것이었다. 칠거지악* 중 하나인 아들을 낳지 못한 죄는 대부분의 여성들을 짓누르는 거대한 바위였다. 아들이 없어 걱정스러운 것은 흥효도 마찬가지였다. 아들을 낳아 대를 이어야 한다는 책임 때문이었다. 하지만 내심 '예쁜 딸이 하나 있었으면.' 하는 바람도 가지고 있었다.

그 무렵 흥효는 여러 가지 일로 마음이 울적했었다. 왜냐하면 스승인 학봉 김성일이 세상을 떠났고 또 다른 스승인 서애 유성룡도 조정에서 죄를 물어 관직을 그만두었기 때문이었다. 유성룡은 영의정 자리에서 물러나 고향 안동으로 온다고 했다. 이순신 장군이 노량에서 큰 승리를 거두었지만 결국 전쟁터에서 적의 포탄을 맞고 전사하던 11월 19일, 영의정 관직에 있던 유성룡도 같은 날 쫓겨났다.

이런 울적한 소식으로 시름에 빠져 있던 흥효에게 곧 태어날 아기는 기쁨이었다. 게다가 아내의 임신은 장씨 문중 그리고 금계마을 전체가 기다려 온 일이었다. 금계마을은 금닭이 알을 품고 있는 지형으로, 자손이 번창하는 천하의 명당으로 꼽히는 곳이기 때문이었다.

• **칠거지악(七去之惡)** : 예전에, 아내를 내쫓을 수 있는 이유가 되었던 일곱 가지 허물. 시부모에게 불손함, 자식(아들)이 없음, 행실이 음탕함, 투기함, 몹쓸 병을 지님, 말이 지나치게 많음, 도둑질을 뜻함.

'과연 어떤 녀석일까. 너를 보기 위해 이 아비는 18년을 기다려 왔구나.'

홍효는 여러 날 앞마당을 거닐며 태어날 아이의 이름을 생각해 보았다. 아들인지 딸인지 알 수 없지만 이름에 들어갈 글자는 머릿속에 생각해 두었다.

'약 중에 제일 좋은 약이 되는 나무가 계수나무라 하니 계수나무 계를 쓰면 좋을 듯하군.'

그때 안채에서 여종 하나가 총총 뛰어나왔다.

"나리, 드디어 아기가 태어났습니다. 그런데 저, 그것이… 예쁜… 따님이십니다."

여종은 출산 소식을 전하면서 마치 자신이 죄인인 듯한 표정을 지었다.

"마님은 괜찮으시냐?"

"네, 괜찮으십니다."

홍효는 몸이 약한 부인이 행여라도 아이를 낳다 잘못되면 어쩌나 걱정이 이만저만이 아니었다.

"참으로 다행이로구나. 알았다, 내 곧 가마."

홍효는 기쁨으로 들뜬 마음을 진정시키기 위해 하늘을 올려다보았다.

"오늘이 11월 24일이던가. 특별한 날을 축복이라도 하듯 하늘은 더욱 파랗구나."

안방 문을 열고 들어가니 아이 울음소리가 온 집 안에 울려 퍼졌다. 흥효는 부인의 곁에 누워 있는 딸아이를 보자 왈칵 눈물이 나오려고 했다. 흥효는 부인의 손을 따뜻하게 잡아 주었다. 권 씨는 딸을 낳은 것이 서운해 눈시울을 붉히며 누워 있었다.

"부인, 고생이 많았소. 내가 우리 딸의 이름을 지어 보았다오."

아기를 바라보는 흥효의 얼굴에 미소가 가득한 것을 본 권 씨가 그제야 손으로 눈물을 훔쳐 냈다.

"딸이라 하면 보통은 꽃을 생각할 터이지만 나는 왕유가 지은 시 〈춘계문답〉에 나오는 것처럼 얼마 못 가 지는 봄꽃보다는 세월이 흐를수록 더 강해지고 그 향기도 좋은 계수나무 계 자를 써서 계향이라 지었소. 부디 우리 딸아이가 고난을 겪는 이웃을 격려하고 바른 삶을 살면 좋겠소."

"계향, 참 좋은 이름입니다. 생강과 계수나무는 껍질이 오래될수록 매워지는 성질이 있지요. 심지가 곧고 사람의 마음을 헤아릴 줄 아는 단단한 아이가 될 겁니다."

흥효는 아기를 바라보며 이름을 불러 보았다.

"내 딸 계향아, 세상에 태어나 줘서 고맙구나."

그때만 해도 흥효 부부는 이 자그마한 딸아이가 총명하게 자라 주변과 이웃을 위해 그늘을 만들어 주는 큰 나무가 될 줄은 꿈에도 모르고 있었다. 그저 속이 단단한 한 그루 나무로 건강하게 자라 주기만을 바랐다.

영특한 계향

계향은 아버지 홍효를 잘 따랐다. 특히 아버지가 책을 읽을 때면 책 읽는 소리를 조잘조잘 흉내 냈다.
"허허, 기특한 것. 책 읽는 것을 어찌 그대로 흉내를 낼까."
네 살밖에 안 된 앙증맞은 계향은 집중력이 뛰어났다. 아버지가 책을 읽으면 귀로 가만히 들으며 눈은 책을 뚫어지게 바라보았다. 계향은 글자 하나하나를 신기해했다.
"아버지, 이게 뭐야?"
하나하나 손가락으로 짚어 가며 물으면 아무리 어린아이여도 그냥 넘어갈 수가 없었다.

"경이란다. 공경할 경."

"아버지, 이거… 아버지 호˚랑 똑같아."

흥효는 깜짝 놀랐다. 경당의 경 자를 말하는 것이었다.

'경 자를 언제 눈여겨본 것일까. 설령 눈여겨보았다 해도 그 글자를 콕 짚어 묻다니!'

흥효가 같은 경 자라고 알려 주자 계향은 고개를 끄덕이며 다음 글자를 또 물었다.

"이건 뭐야?"

계향은 끊임없이 물어 댔다. 아버지와 있을 때만 그런 것은 아니었다. 어머니와 함께 있을 때도 계향은 묻고 또 물었다. 권 씨가 음식을 만들 때나 산에서 캐 온 나물을 다듬을 때도 마찬가지였다.

"어머니, 왜 냉이는 뿌리까지 먹고 쑥은 이파리만 뜯어 먹어?"

"사람도 각각 쓰임이 다르듯이 흙 속에 묻힌 뿌리를 먹어야 건강한 것도 있고 이파리에 영양분이 있는 것도 있지. 그게 바로 음과 양의 조화이며, 세상은 이렇게 어울려 사는 거란다."

그러면 계향은 알아듣기라도 한 것처럼 고개를 끄덕이곤 했다.

계향이 글자에 관심을 보이자 어느 날 흥효는 글을 가르치기로

˚ **호(號)** : 본명 이외에 쓰는 이름

마음먹었다.

"계향아, 아비랑 《천자문》 공부해 보련?"

"《천자문》? 《천자문》이 뭔데?"

"글자 1천 자를 적어 놓은 책이란다. 글을 깨우치려면 《천자문》을 공부해야 해."

그 말에 계향은 얼굴이 환해지며 물었다.

"아버지, 서당 오라버니들이 공부하는 것 말이지?"

계향은 아버지가 운영하는 경광서당으로 공부하러 오는 유생•들을 자주 봐 왔다. 수염이 성글게 나기 시작한 변성기 아이들부터 과거 시험 준비를 하는 어엿한 청년들까지, 경광서당은 명성이 자자하여 학생들로 북적였다.

"서당에서 제일 처음 공부하는 게 《천자문》이다. 글자를 알아야 책을 읽을 수 있느니라."

"아이 좋아라. 나도 공부가 하고 싶어요."

계향은 아기 때부터 아버지 품에 안겨 글 읽는 소리를 들으며 자라서인지 책과 글에 관심이 많았다. 서당 앞마당에서 놀 때도 유생들이 글 읽는 소리에 귀를 기울이곤 했다.

• 유생(儒生) : 중국의 공자가 시작한 전통적인 학문인 유학(儒學)을 공부하는 선비

흥효는 《천자문》을 꺼내 계향 앞에 내놓았다. 낱자를 하나하나 가르쳐 주기 전에 흥효는 딸을 시험하고 싶은 마음이 들었다. 자신이 읽은 문장을 계향이 그대로 읊을 수 있을지 궁금했다.

"이제부터 아버지를 따라 큰 소리로 읽어야 하느니라."

흥효는 서당 유생들에게 하듯 일부러 근엄하게 말했다. 물론 사랑스러운 네 살짜리 딸아이가 책을 못 읽는들 혼낼 일도 없고, 책 읽기 싫다고 딴짓을 해도 이쁠 것이라 생각했다. 그저 딸과 함께 있는 순간이 즐겁기만 할 뿐. 하지만 내심 기대도 되었다.

"아비 목소리를 듣고 잘 따라 할 수 있겠느냐."

그러자 계향은 서당 학생들이 그랬던 것처럼 대답했다.

"네, 스승님."

계향은 의젓하게 앉아 있던 유생들을 흉내 내듯 치맛자락을 다소곳하게 정리하며 바르게 앉았다. 그런 딸의 모습이 너무 귀여워 흥효는 웃음이 피식 났지만 일부러 근엄한 표정을 지은 뒤 글을 읽었다.

"천지현황•이요, 우주홍황•이라."

• 천지현황(天地玄黃) : 하늘은 검고 땅은 누렇다.
• 우주홍황(宇宙洪荒) : 우주는 끝없이 넓고 크다.

그러자 계향이 눈을 반짝이며 그대로 읊었다.

"천지현황이요, 우주홍황이라."

그뿐만이 아니라 글에 담긴 자연 현상을 풀이해 줄 때도 척척 알아들었다. 또 궁금한 것이 있으면 꼬치꼬치 캐묻곤 했다.

"아버지, 해와 달은 차고 기울며 별은 넓게 펼쳐져 있지? 별의 개수는 얼마나 될까요?"

계향은 네 살짜리라고는 믿어지지 않을 만큼 놀라운 집중력을 보였다. 하나를 가르쳐 주면 자기가 보고 겪은 것을 꼭 이야기하며 더 많이 알고 싶어 했다. 흥효가 시험 삼아 시작한 《천자문》 공부는 계향에겐 특별한 경험이었다. 이후부터 계향에게 공부는 세상에서 제일 재미있는 놀이가 되었다.

여섯 살이 되자 계향은 동갑내기 단짝 친구가 생겼다. 이웃집 김 처사•댁 딸 귀복이었다. 귀복은 남루한 옷차림에 늘 굶주린 모습이었다. 김 처사는 계향의 집인 경당가로 와서 곡식을 얻어 가곤 했다. 계향은 배고파하는 귀복에게 먹을 것을 나눠 주면서 친구가 되었다.

• 처사(處士) : 예전에, 벼슬을 하지 않고 시골에 살던 선비

계향은 제 아버지를 따라온 귀복을 처음 보았을 때 귀복이 사내아이인 줄 알았다. 남자 옷을 입었기 때문이었다. 바지저고리는 때에 절어 있었고 어른의 옷을 입은 듯 매우 컸다. 알고 보니 제 오라버니가 입던 옷을 물려받았던 것이었다.

그 뒤 계향은 귀복을 볼 때면 '얼마나 배가 고플까.' 하고 생각했다. 귀복은 양지바른 곳에 쭈그리고 앉아 졸거나 가끔 막대기를 들고 남자아이들을 따라다니며 전쟁놀이를 했다.

따사로운 봄날, 계향은 어머니가 만든 화전˚을 그릇에 담아 보자기에 잘 싸 가지고 나왔다.

"이거 먹어 볼래?"

계향이 조심스레 건네자 귀복은 게 눈 감추듯 먹어 버렸다.

"계향이 넌 엄마가 있어서 좋지? 난 엄마 얼굴이 기억이 안 나."

귀복이 엄마는 귀복을 낳던 해에 세상을 떠났고, 귀복의 여섯 살터울 오라버니도 작년에 전염병으로 죽었다고 했다.

"울 오라버니는 염병에 걸려 죽은 거랬어. 오라버니 보고 싶어."

조선 천지에 전염병이 돌아 집집마다 죽는 사람들이 많았다. 사

• 화전(花煎) : 찹쌀가루를 반죽하여 진달래나 개나리, 국화 등의 꽃잎이나 대추를 붙여서 기름에 지진 떡

람들은 염병이라는 말을 욕처럼 입에 달고 살았다. 화나는 일이 생기면 "염병, 염병!" 하며 저주를 퍼부었다.

"오라버니가 있을 땐 배 안 고팠는데."

계향은 이런 귀복을 보면 뭔가 도와주고 싶었다.

하루는 계향이 귀복을 데리고 아버지의 서당 앞으로 갔다.

"귀복아, 이리 와 봐. 소꿉놀이보다 더 재밌는 게 있단다."

둘은 서당 앞마루에 앉았다.

"더 재밌는 게 뭐야?"

"잘 들어 봐. 지금 방 안에서 글을 읽잖아. 글을 읽으려면 먼저 《천자문》을 외워야 해. 하늘 천, 땅 지, 검을 현, 누를 황, 집 우, 집 주. 나는 《천자문》을 다 뗐는데 너는 《천자문》을 아니?"

"몰라. 나는 전쟁놀이가 재밌어. 울 오라버니랑 전쟁놀이 많이 했

는데."

"귀복아, 전쟁놀이도 재미있지만 사람은 글을 읽어야 하는 거야."

평소 계향이 하는 말에는 곧잘 귀를 기울이던 귀복이었다. 그래서인지 서당 앞에서 가만히 글 읽는 소리를 듣더니 귀복도 따라 말했다.

"과진이내 채중……? 해 어쩌고저쩌고 하는 저 뜻은 뭐래?"

귀복이 흘러내려 온 바지 자락을 돌돌 말아 올리며 묻자 계향이 답했다.

"과진이내(果珍李柰) 채중개강(菜重芥薑). 해함하담(海鹹河淡) 인잠우상(鱗潛羽翔). 아주 쉬워. 잘 들어 봐. 과일 가운데 진미는 오얏(자두)과 능금이요, 채소 가운데 중요한 것은 겨자와 생강이라. 바다는 짜고 강물은 싱거우며, 비늘 달린 물고기는 물에 잠기고 깃 달린 새는 높이 난다!"

계향이 똘망똘망한 목소리로 뜻을 알려 주자 귀복은 고개를 가로저으며 말했다.

"나는 글 읽는 게 싫어. 울 아버지도 맨날 글만 읽어. 글 읽으면 쌀이 나와, 돈이 나와?"

그때 계향은 친구의 배고픔에 대해 생각했다. 계향이 아무 말이 없자 귀복은 다시 웃으며 말했다.

"계향아, 나도 해 볼게. 잘 들어 봐! 바닷물은 짜. 생선은 비려. 새는 시끄러워!"

"호호호, 재밌어라. 장난 그만하고 우리도 글 읽어 보자. 같이 안에 들어가 볼까?"

"그래도 돼?"

귀복이 눈을 휘둥그레 뜨고 물었다.

"귀복아, 사람은 공부를 해야 한댔어. 우리도 들어가서 공부시켜 달라고 하자."

계향은 귀복을 끌고 서당 방 안으로 들어갔다. 평소 어머니는 공부하는 서당 앞에서 방해하면 안 된다고 했지만, 아버지는 늘 "글을 읽어야 사람 도리를 할 수 있다." 하고 말씀하셨으니 조용히 들어가면 괜찮을 것 같았다.

계향은 귀복과 함께 맨 끝자리에 앉았다. 덩치 큰 유생들 뒤로 자그마한 두 여자아이가 자리를 잡자 서당 총각들이 흘끔흘끔 뒤를 돌아보았다. 유생들은 귀여워 죽겠다는 표정이었지만 홍효는 딸아이가 들어온 줄도 모르고 있었다.

계향과 귀복은 서당 풍경이 신기하기만 했다. 귀복이 계향의 귀에 대고 속삭였다.

"우리도 여기 다니면 좋겠다!"

"그것 봐, 내 말이 맞지? 소꿉놀이보다 재밌는 거라고 했잖아."

계향은 유생들에게 공부를 가르치는 아버지가 자랑스러웠다. 그때 아버지가 경에 대해 이야기를 했다.

"경은 정신을 집중하여 마음이 다른 곳으로 달아나지 않게 하는 것을 말한다. 항상 깨어 있으라는 것이다. 또 몸가짐을 단정히 하고 자신을 깊이 돌아보아야 한다. 그러면 먼지 낀 자신을 알게 되면서 더 좋은 사람이 되려고 노력하게 된다. 즉 경이란 마음을 닦고 다스려 착한 본성에 이르는 것이다."

계향은 아버지 호의 경 글자를 떠올렸다. 그리고 눈을 반짝이며 아버지 말씀을 귀에 담았다. 그런데 귀복은 금세 지루해졌는지 나가자고 졸랐다.

"아함, 지루해. 빨리 나가서 뛰어놀자."

그러나 계향은 이미 아버지 이야기에 쏙 빠져 있었다.

"마음공부와 함께 무엇이 중요하다고 생각하느냐? 마음에 올곧은 결단을 하고 나면 실천을 하는 것이 중요하다. 실컷 마음을 닦아 놓고 곁에 지나가는 불쌍한 사람을 나 몰라라 한다면 이제까지의 공부는 헛된 것이야. 실천하는 삶은 모두에게 희망을 안겨 주는 것이다."

나가자고 졸라 대던 귀복이 잠잠하다 했더니 어느새 꾸벅꾸벅 졸고 있었다. 계향은 그런 귀복을 보며 웃음을 참았다. 아버지는 이어 서애 유성룡 선생에 대해서도 이야기를 했다.

"서애 선생도 말씀하시기를, 마음이 모든 것의 근본이라고 했다. 무언가를 보고 느껴 마음이 움직였다면 실천을 해야 한다. 가난한 사람이 있으면 돕거라. 세상에 선한 일을 하고 세상을 좋게 만들어야 하느니라. 너희가 공부를 하는 이유는 세상을 이롭게 하기 위함이다."

계향은 아버지의 이야기를 들으며 서애 유성룡 선생이라는 이름과 그분의 말씀을 똑똑히 새겨 두었다.

이어 아버지는 소동파에 대해서도 이야기했다.

"소동파는 중국 북송 시대 시인이다. 고통받는 농민들의 생활상을 시로 썼지. 글에 집권 세력의 정치를 비판하는 내용을 담았다는 이유로 옥살이를 했단다. 숱한 시련 속에서도 뜻을 꺾지 않았던 존경할 만한 분이다."

계향은 아버지가 들려주는 소동파의 시 〈적벽부〉를 가만히 들었다. 그리고 소동파라는 이름과 〈적벽부〉라는 시를 마음에 새겨 두었다. 왜냐하면 자기 이름자인 계수나무 계 자가 시에 나오기 때문이었다.

계향은 아버지가 어떤 사람의 이름을 특별히 강조해서 이야기하면 그 이름을 쏙쏙 외워 버렸다. 그만큼 계향은 머리도 좋고 집중력도 대단했다.

계향이 들고 온 오미자 착면

　어느 날 계향의 집에 흥효와 함께 동문수학*하던 벗들이 찾아왔다. 그들은 나라 걱정에 시름이 깊었다. 왜란이 끝난 지 몇 년이 지났건만 임금은 여전히 우왕좌왕했고, 백성들은 먹을 게 없어 굶어 죽는 사람이 천지였다. 조정 대신들은 백성을 생각하기보다는 자신의 권력욕을 내세워 당파 싸움에만 몰두했다. 흥효는 벼슬을 하지 않기로 마음을 먹었다. 그러자 친구들이 찾아온 것이었다.
　권 씨는 오랜만에 모인 손님들에게 대접할 음식을 만드느라 분주했다. 여덟 살이 된 계향도 곁에서 어머니를 도왔다. 권 씨가 시

* **동문수학(同門受學)**: 한 스승 밑에서 함께 학문을 배우거나 수업을 받음.

집을 때 함께 따라온 하인 방울어멈도 부지런히 음식을 만들었다.

계향이 물었다.

"어머니, 무엇을 만드시는 건가요?"

"오미자 착면이란다. 날이 더워졌으니 우선 시원하게 드시도록 하면 좋겠구나. 아버지께 갖다 드릴 수 있겠느냐?"

권 씨는 일부러 종 대신 계향에게 심부름을 시켰다. 흥효가 말끝마다 "계향을 보면 피로도 싹 풀린다."라고 할 정도로 딸을 귀여워

하기 때문이었다.

"네, 어머니. 근데 이건 어떤 음식인가요?"

계향은 어머니가 만든 음식이 시원해 보이고 색깔도 예뻐 궁금해졌다.

"이 음식은 녹두 가루로 앙금을 내고 묵을 만들어 국수처럼 썬 뒤, 오미자 국물 우려낸 것을 부어 잣을 띄운 음료란다."

권 씨는 어린 딸이 질문을 하면 허투루 대답하지 않고 정성껏 알려 주었다.

"우아, 정말 맛있어 보여요. 모두 좋아하실 것 같아요."

권 씨는 어린 계향이 건넨 한마디에 피곤이 가시는 것 같았다. 계향은 또래들에 비해 말투도 어른스러웠다.

계향은 여종과 함께 쟁반에 오미자 착면을 받쳐 들고 봄바람에 꽃잎 사뿐히 흩날리듯 한 발짝 한 발짝 조심스럽게 걸어갔다. 까딱하다간 찰방찰방 담겨 있는 오미자 국물을 엎지르거나 쟁반을 떨어뜨릴 수도 있기 때문이었다. 문 앞에서 계향이 아버지를 불렀다.

"아버지, 들어가도 될까요?"

계향이 인기척을 내자 홍효는 얼른 일어나 문을 열어 주었다. 어린 딸이 두 손으로 받쳐 들고 온 음식을 보니 여간 맛있어 보이는 게 아니었다.

"계향이는 지금 들고 온 이 음식이 뭔 줄 아느냐?"

홍효의 친구인 최현이 물었다. 그러자 계향이 대답했다.

"이 음식은 어머니의 정성이 가득 담긴 오미자 착면이에요. 오미자로 진국을 낸 뒤 녹말로 만든 면을 말아 낸 여름 별미 음료랍니다."

계향은 한번 가르쳐 준 것은 절대 잊지 않았다. 게다가 자신의 생각을 덧붙여 말할 줄 아는 아이였다. 홍효는 이런 계향을 보면서 깜짝깜짝 놀랄 때가 많았다.

계향은 어머니가 얼마나 부지런한지 늘 보고 자랐다. 철마다 여자들이 해야 할 일은 너무 많았다. 제철에 구할 수 있는 먹거리들을 잘 보관하는 일도 매우 중요했다. 채소나 나물은 말려 두고, 과일은 밀가루 풀을 쑨 것에 묻어 독에 저장했다. 생선이나 고기도 잘 말려 두거나 소금에 절여 놓아야 제철 아닌 때라도 두고두고 먹을 수 있었다.

"어머니, 우리의 산과 들은 우리에게 때맞춰 먹을 것을 주니 참 고마워요."

"그렇고말고. 언제나 고맙지. 그러니 먹을 수 있는 것은 잘 찾아 아껴 두어야 해."

서리 내리기 전, 밭에는 동아˚가 주렁주렁 열렸다. 그럴 때면 어머니는 동아를 따다 부지런히 껍질을 벗겨 과육을 음식 재료로 활용했다. 이 땅에서 나는 어떤 것도 허투루 버려두지 않았다. 계향은 그런 것들을 보고 자랐다.

"음식은 우리 몸의 약이란다. 아녀자들 하는 일이 겉으로는 내세울 것 없는 듯해도 사람의 생명을 지키고 정신을 키워 내는 일이

• **동아** : 박과의 한해살이 덩굴성 식물

야."

"어머니, 음식은 입으로만 먹을 게 아니라 마음으로도 먹어야 할 것 같아요. 정성이 가득하잖아요."

하루는 권 씨가 술을 담그기 위해 계향을 불렀다.

"술 빚는 일은 상당히 중요하단다. 사대부 집의 아녀자라면 제사와 손님맞이 준비가 늘 되어 있어야 해. 술은 맑은 물로 정갈하게 담그되 알맞게 익어야 맛이 나지."

계향은 사람이 공부하며 수행하는 것도 알맞게 잘 익은 사람이 되기 위함이라고 생각했다.

"어머니, 그런데 오늘 무슨 술을 담그나요?"

"오늘은 두강주를 담그려고 한다. 잘 보아라. 멥쌀 서 말을 깨끗이 씻어 가루를 내어 물 서 말 다섯 되를 붓고 죽을 쑤어야 해. 누룩 다섯 되 너 홉을 넣고 식혜 독에 넣은 뒤 닷새가 지나거든……."

계향은 어머니에게 술 빚는 법을 배우면서 여자들의 삶에 대해 많은 생각을 했다.

'음식 하나에 손이 수십 번 가고, 철마다 음식 재료 구하는 일이 보통 일이 아니구나. 그러나 누구도 불평하지 않잖아.'

그런데 부엌에서 어머니가 하는 일을 지켜보노라면 공부에 대한 갈증이 더욱 몰려왔다.

'여자란 살림살이를 잘 배워야 한다지만 왜 공부는 하면 안 될까? 사람으로 태어났다면 누구나 다 마음을 닦아 세상에 이로운 일을 실천해야 하는 것이 아닐까?'

계향은 그나마 아버지가 세상의 편견을 없애고 자신에게 글을 가르치는 것이 기쁘고 고마웠다.

계향이 아홉 살이 되자 흥효는 계향에게 학문을 처음 배우는 사람을 위한 교육서인《소학》을 가르쳤다. 그뿐만 아니라《태극도설》을 글로 써서 벽에 붙여 두고 계향에게도 읽게 했다.《태극도설》은 우주의 근본 원리에 대해 써 놓은 책으로 흥효는 아침저녁으로 그것을 보며 연구했다. 계향도 아버지가 붙여 놓은《태극도설》 2백 49자를 다 외우고 아버지의 설명을 다 이해했다.

흥효는 뭐든 알려 주면 쏙쏙 외우고 이해하는 계향을 보며 어렴풋이 딸의 천재성을 느꼈다. 계향은 아버지의 서실˙에서 소동파의 시〈적벽부〉를 붓글씨로 쓰거나 퇴계 이황의 시들을 좔좔 외우고 썼다. 또 중국에서 가장 오래된 시집으로 알려진《시경》에 있는 시

˙ 서실(書室): 책을 읽거나 글을 쓰는 방

들을 좋아해 붓글씨로 썼다.

"아버지, 저는 《시경》의 시들이 참 좋아요. 백성들의 기쁘고 슬픈 삶이 고스란히 담겨 있잖아요. 그리고 아버지와 함께 글을 읽고 쓰는 것도 너무 좋아요."

어느 날, 성인˚의 글을 공부하던 계향은 처음으로 시를 지어 아버지에게 보여 줬다. 바로 〈성인음〉이라는 시였다.

성인의 때에 태어나지 못해서
성인의 모습 뵈옵지 못했으나,
성인의 말씀 들을 수 있어
성인의 마음 볼 수 있다네.

"아버지, 저는 옛 성인을 흠모˚하는데 성인은 이미 세상을 떠나셨으니 참 슬퍼요. 하지만 책이나 시를 통해 성인이 하신 말씀을 들을 수 있어 참 다행이에요."

계향은 아버지의 초서체를 곁에서 배워 붓으로 쓰기도 했다. 초

˚ **성인(聖人)** : 지혜와 덕이 매우 뛰어나 길이 우러러 본받을 만한 사람
˚ **흠모(欽慕)** : 기쁜 마음으로 공경하며 사모함.

서는 한자를 간결하게 줄여서 흘려 쓰는 글자로, 글씨를 능숙하게 쓰지 않으면 쓸 수 없는 글자체였다.

어느 날은 계향이 호랑이를 그리기도 했다. 포효하는 호랑이의 표정을 살아 있는 듯이 그렸다.

"이게 분명 네가 그린 그림이냐?"

"네, 아버지. 조선 산하의 용맹한 호랑이를 표현해 보고 싶었어요."

그런데 딸의 그림을 본 홍효의 얼굴 표정이 그리 밝지 않았다. 계향은 아버지의 표정을 가만히 살폈다. 무언가 할 이야기가 있는 듯이 느껴졌다. 홍효가 계향의 머리를 쓰다듬으며 말했다.

"너의 재주가 참 특별하구나. 그런데……."

계향은 아버지의 뒷말이 궁금해졌다. 그림에서 부족한 점을 알려 주실 것 같았기 때문이었다. 아버지와 눈을 마주하며 평가를 기다리는데 아버지 입에서 나온 이야기는 뜻밖이었다.

"여자는 그 재주를 겉으로 드러내거나 자랑하면 안 되기에 걱정이구나."

아버지가 말씀하신 '걱정'이라는 말이 계향의 가슴에 와서 콕 박혔다. 사실 홍효는 딸 계향이 시서화에 뛰어난 것을 이미 알아챘다.

다만 이런 딸을 마음껏 칭찬해 주지 못하는 마음이 몹시 무겁기만 했다.

그날 계향은 아버지의 입에서 나온 걱정이라는 말을 오래도록 되새겼다.

'아버지를 걱정시켜서는 안 돼.'

계향은 어렸지만 속이 깊은 아이였다. 아버지가 하시는 말씀의 감춰진 뜻을 어렴풋이 알 것 같았기에 그날 밤은 통 잠을 이룰 수 없었다.

함께 아파하는 〈학발시〉

"계향 아가씨, 이웃집 할머니 이야기 들으셨어요?"

방울어멈이 나물을 다듬는 계향에게 말을 걸어왔다. 계향은 고개를 저었다.

"왜, 무슨 일이 있다 하던가?"

방울어멈은 사연을 늘어놓기 시작했다.

"글쎄, 이웃집 할머니가 외동아들을 국경 수비대로 보내 놓고 아들이 보고 싶어 날마다 우신대요. 저는 그 슬프고 힘든 마음을 알 것 같아요."

방울어멈이 코를 훌쩍였다.

"하나밖에 없는 아들을 군대에 보냈으니 그 마음이 얼마나 졸아들겠어요. 나는 우리 방울이 생각하면 지금도 마음이 찢어지고 보고 싶어 죽겠는데."

몇 년 전 방울어멈은 열 살도 안 된 딸을 전염병으로 잃었다. 그래서인지 자식을 잃은 슬픔이 얼굴에 깊게 묻어 있었다.

"양반들 자제는 군대에 보내지 않으면서 왜 우리같이 힘없는 백성만 자식을 군대에 보내야 하느냐고요."

방울어멈은 계향 앞에서는 언제나 마음껏 푸념을 늘어놓았다. 그만큼 계향은 사람의 마음을 잘 헤아려 주는 아이였다. 마음고생을 해서인지 방울어멈은 나이에 비해 머리가 희끗했다.

"방울어멈, 나랑 그 할머니네 집에 같이 가 보지 않겠는가? 우리가 함께 위로해 주면 조금 나아지지 않을까."

계향은 어머니에게 말해 곡식 한 자루를 얻어 방울어멈 머리에 이고 가도록 했다.

할머니는 머리가 하얗게 세고 병든 몸뚱이는 꼬부라져 있었다. 살날이 얼마 남지 않아 보이는 할머니는 늦둥이 아들을 멀리 군대에 보내고 걱정이 태산인 것 같았다. 보고 싶다고 날마다 울어 눈이 짓무를 정도였다.

"할머니, 사랑하는 아들을 멀리 보냈으니 얼마나 마음이 아프세요?"

계향은 할머니 손을 꼭 잡고 위로를 해 주었다. 할머니는 손녀딸 같은 계향의 손을 붙든 채 눈물을 흘리며 마음을 달랬다.

계향은 집에 돌아와 할머니가 슬퍼하고 세상을 원망하는 모습을 떠올리며 〈학발시〉를 지었다. 학발은 학의 깃털, 즉 노인의 하얗게 센 머리털을 뜻하는 것이었다. 계향은 붓을 들어 아버지에게 배운 초서체로 글을 썼다.

백발노인이 병에 지쳐 누웠는데, 자식은 만 리 밖에 있구나.
자식은 만 리 밖에 있는데 어느 세월에 돌아오려는가.

백발노인이 병에 지쳐 누웠는데, 서산의 해는 저물어 가는구나.
하늘에 손 모아 빌어 봐도 하늘은 어찌하여 조용하고 막막한가.

백발노인이 병든 몸 일으키려 하지만, 일어났다 넘어지곤 하는구나.
지금 아직도 이러한데 자식이 옷자락 끊고 떠나던 날에는 어떠하였겠는가.

시를 다 쓴 계향은 아버지 서실로 가서 이웃집 할머니를 만났던 이야기를 했다.

　　"아버지, 왜 항상 가난한 백성만 힘들어야 하나요? 부유한 자는 재물을 써서 군대에 안 가고, 권력 있는 자는 요리조리 핑계를 대고 도망쳐 버리고, 결국 힘없는 백성만 나라를 위해 아들을 군대에 보내잖아요."

　　계향의 말에 흥효는 어른으로서 가슴이 뜨끔했다.

　　"양반, 과거 급제자, 천민은 군대에 가지 않아도 되지만 양민*은 군대에 가야 한다. 그래서 유성룡 선생이 신분 사회의 거대한 벽을 깨기 위해 제도를 바꾸려고 했지만……."

　　흥효는 계향에게 유성룡이 새롭게 제안한 것들에 대해 설명해 주었다.

　　"유성룡 선생은 군사 제도를 바꾸려고 했지만 사대부들의 반발로 쉽지 않았단다. 유성룡 선생의 계획은 그 이전에 이미 퇴계 이황 선생이 제안한 것이었지. 최전방에서 삼 년 동안 군 생활을 하면 첩의 자식인 서얼도 과거 시험에 응시할 수 있게 하고, 노비들도 양민으로 신분을 높여 주자는 제안이었어. 그러면 모자라는 군사의 수

• 양민(良民) : 조선 시대에, 양반과 천민의 중간 신분으로 천한 일에 종사하지 않던 백성

도 채울 수 있고."

"그랬군요. 나라를 지키면서 공을 세운 사람에겐 벼슬도 주면 좋겠어요."

"맞는 말이다. 하지만 사대부들은 자신의 재산으로 여기는 노비를 결코 내놓으려 하지 않았지. 결국 그들의 강한 반대로 이황 선생과 유성룡 선생은 뜻을 이룰 수가 없었다."

계향은 아버지의 이야기를 듣고 깊은숨을 내쉬었다.

"계향이 네가 남의 아픔을 헤아리는 것을 보고 아비는 감동을 받았단다."

"아버지, 할머니가 서럽게 우는데 저도 마음이 아파서 저절로 우러나와 시를 쓰게 됐어요."

계향은 아버지에게 자신이 지은 시를 보여 줬다.

홍효는 딸이 지은 시를 읽어 보았다. 이제 겨우 열 살 어린아이가 쓴 시라고는 생각되지 않을 만큼 어미의 슬픈 마음이 절절히 녹아 있었다.

"그동안 네 공부가 헛되지 않았음을 느끼는구나. 남의 아픔을 함께 아파하고 마음을 나누는 것이야말로 군자•의 도리이며 공부의

• 군자(君子) : 행실이 점잖고 어질며 덕과 학식이 높은 사람

실천이다. 너의 마음 씀씀이가 대견하구나."

며칠 뒤 흥효의 친구 정윤목이 경광서당에 놀러 왔다가 계향이 지은 시를 보며 놀라고 감탄했다.

"이게 진짜 계향이 지은 건가? 놀랍구먼. 어린애가 지은 시라고는 믿어지지 않는 데다 이 초서체는 과연 명필일세."

정윤목은 초서체의 대가였다. 흥효는 이미 딸의 천재성을 눈치챘지만, 친구 정윤목이 혀를 내두르며 칭찬을 아끼지 않자 다짐을 했다.

'그래. 나는 내 딸 계향을 여성이 아닌, 존귀한 인간으로 여기고 잘 가르쳐 봐야겠어.'

여성은 재능을 가지면 안 된다고 여겼던 때였기에 흥효는 마음이 아팠다.

어느 날, 흥효는 일찍부터 계향을 앞에 불러 앉혔다.

"계향아, 내가 네 이름을 지을 때 꽃나무가 아닌 계수나무를 떠올린 것은 무슨 이유라고 생각하느냐."

흥효의 말에 계향이 대답했다.

"예쁘고 향기로운 꽃이 되기보다 거칠고 매서운 바람이 불어도 꿋꿋하게 잘 이겨 내는 나무가 되라고 지어 주신 듯합니다."

"그래, 맞다. 공부를 열심히 해야 한다. 그리고 공부하는 이유를 늘 생각해야 한다."

딸의 재주가 걱정된다던 아버지 흥효의 모습은 이미 사라졌다. 오히려 비바람을 헤쳐 나가는 딸의 뒤에서 묵묵히 응원을 보내는 아버지이자 스승이었다.

여자의 길과 유생들

어느 날 귀복이 단정하고 얌전한 모습으로 계향에게 놀러 왔다. 계향과 귀복은 이미 열네 살의 어엿한 숙녀로 자라 있었다.

귀복은 이제 배고프다는 말을 입에 달고 다니던 예전의 모습이 아니었다. 죽은 오라버니의 커다란 옷을 입은 채 남자아이들을 따라다니며 전쟁놀이를 즐기던 선머슴도 아니었다.

귀복은 숱이 많고 까만 머리를 아플 정도로 쫑쫑 땋아 허리까지 내렸다. 귀밑머리도 작게 땋아 남은 머리에 섞어 한 가닥으로 땋아 내린 다음 계향이 선물로 준 다홍색 댕기로 멋을 내었다. 귀복의 집은 여전히 가난했기 때문에 귀복은 삯바느질이나 길쌈*을 하며 양식을 마련하는 가장 역할을 했다. 그러면서도 귀복은 계향 덕분에 글자도 떼 책도 읽을 줄 알게 되었다.

"계향아, 배고플 때마다 네가 건네줬던 흰 주머니는 평생 잊을 수 없을 거야."

계향은 귀복이 말에 빙그레 미소만 지었다. 여섯 살 때 친구가 되어 지금까지 단짝으로 지내면서 계향은 귀복의 아픔을 지나치지 않았다. 얻어먹는다는 느낌이 들지 않게 하기 위해 무언가를 줄 때도 꼭 예를 갖춰 손수 만든 흰 주머니에 담아 슬쩍 건네곤 했다.

"흰 주머니를 보면 나를 생각해 주는 네 마음이 느껴졌어. 배고파 죽을 것만 같을 때는 자존심도 다 버리게 되는데, 네가 건네준 흰 주머니 덕분에 나도 귀한 존재라는 것을 깨닫게 되었어."

귀복은 여느 날과는 달라 보였다. 뭔가 할 얘기가 있는 듯 망설이는 모습이었다.

"계향아, 너와 친구가 되지 않았다면 나는 여전히 구걸이나 하고 있었을지도 몰라. 고마워."

"무슨 그런 말을 해. 귀복아, 우린 친구잖니. 서로 돕는 건 당연해."

• 길쌈 : 실을 내어 옷감을 짜는 모든 일을 통틀어 이르는 말

"계향아, 난 엄마 얼굴은 기억이 안 나지만 오라버니 얼굴은 가끔 기억 나. 오라버니는 장수가 되겠다고 했어. 오라버니랑 전쟁놀이도 많이 했는데."

계향은 귀복이 무슨 말을 하려는 건지 조용히 기다려 주었다. 귀복은 집안의 가장 노릇을 하느라 이 일 저 일 하면서 애어른이 된 것처럼 철이 들었다. 귀복의 커다란 눈망울을 바라보고 있자면 어쩐지 슬픔 같은 것이 언뜻언뜻 보였다. 어릴 때부터 어머니를 잃고 오라버니마저 잃은 채, 세상살이에는 통 관심 없이 책만 읽어 대는 아버지를 모시고 사는 외로움 같은 것이었다.

"나는 평생 벼슬도 못 한 채 글만 읽는 울 아버지가 싫었어. 그런데 요즘 아버지 마음을 조금 알 것 같아. 아버지는 오라버니를 통해 꿈을 이루려고 했던 것 같아. 나는 요즘 그 꿈을 내가 이뤄 드리고 싶다는 생각을 하곤 해."

귀복은 뭔가 이루고 싶은 꿈이 있는 것 같았다.

"계향아, 우리 여자는 왜 과거 시험을 볼 수 없는 걸까? 그리고 왜 여자는 무예를 익히면 안 되는 걸까? 나는 어렸을 때 오라버니와 칼싸움 놀이를 하면 참 재밌었거든. 그런데 왜 여자와 남자는 다른 취급을 하는 걸까."

귀복의 질문에 계향은 무슨 말을 해야 할지 잠시 고민이 됐다.

"귀복아, 네가 무슨 말을 하려는 건지 알 것 같아. 네게도 꿈이 있다는 거지?"

그러자 귀복은 《예기》의 한 부분을 이야기했다. 《예기》는 예법에 관한 기록과 해설을 정리한 책이었다.

"왜 여자는 혼인 전에는 아버지를, 혼인 후에는 남편을, 남편이 세상을 떠나면 자식을 따르며, 남자가 가르치는 대로 해야 한다고 하는 걸까? 여자는 남자의 도움 없이는 아무것도 생각할 수 없고, 실천할 수도 없는 것처럼 여기면서 오로지 복종하며 살아야 된다고 말하잖아."

계향은 가만히 듣고만 있었다. 워낙 속이 깊고 말이 신중한 계향이었다.

"넌 이게 말이 된다고 생각해? 그러니까 남장을 하고 과거 시험장에 들어갔다가 끌려 나와 곤장을 맞는 처자가 생기는 거라고. 나도 솔직히 보란 듯이 과거 시험을 보고 합격해서 뽐내고 싶어."

귀복은 조용히 속내를 밝혔다. 오라버니가 이루지 못한 꿈을 자신이 꼭 이루고 싶다는 것이었다.

"아버지는 늘 같은 말씀만 하시거든. 오라버니가 살아 있었으면 무과˙에 합격해 집안을 일으켜 세웠을 거라는 거야."

귀복이 《예기》를 읽게 된 것은 계향 덕분이었다. 두 사람은 《예기》 내용으로 토론을 하기도 했었다. 계향도 오래전부터 어머니가 《예기》나 여성용 교양서인 《내훈》을 들면서 여자로서 가져야 할 의무를 알려 주실 때마다 '삼종의 도'라는 것에 대해 곰곰이 생각해 보곤 했다.

그럴 때마다 재주가 걱정이라던 아버지의 말씀도 떠올랐다. 계향은 그날 아버지 입에서 무심코 나온 걱정이라는 말 때문에 밤을 하얗게 새웠다.

그런데 단짝 친구 귀복이도 비슷한 문제로 고민이 많은 듯했다.

"귀복아, 《예기》에서 말하는 삼종의 도는 겸손함을 말하는 게 아닐까. 재주와 지혜를 갖고 있거나 큰 공적이 있어도 그것을 자랑하기보다는 안으로 감추며 자신을 더 돌아보고 군자의 마음을 가져야 한다는 뜻일 거야. 또 가정이 편안하려면 내 목소리를 내기보다는 잘 화합해야 한다는 것 같아. 그게 바로 마음을 닦는 공부이기도 하고."

계향은 세상에서 따르고 있는 법도와 반대되는 주장을 펼치고

• 무과(武科) : 고려·조선 시대에, 군사 일을 맡아보는 관리인 무관을 뽑던 과거 시험

싶지는 않았다. 계향은 누군가와 다투지 않고 갈등을 일으키지 않는 것도 수양의 자세라고 생각했다.

하지만 귀복이의 마음을 잘 알기에 어루만져 주고 싶었다. 무과에 도전해 보고 싶다는 꿈이 정말 귀복이의 꿈인지도 궁금했다. 계향은 귀복에게 물었다.

"귀복아, 너는 오라버니와 아버지를 위해 무예를 익히고 싶은 거니? 아니면 네가 진정으로 원하는 거니?"

"처음엔 아버지의 한을 풀어 주고 싶었어. 그런데 시간이 지날수록 무과에 도전하는 것은 내가 원하는 일이라는 것을 깨달았어."

계향은 귀복의 이야기를 다 듣고 나서 차분하게 물었다.

"무예를 익혀 무과에 도전하려는 이유가 뭐니? 벼슬을 하고 싶은 거니?"

그러자 귀복은 고개를 저었다.

"나도 뭔가 세상에 도움되는 일을 하고 싶어. 여자도 군사가 되어 나라를 지킬 수 있잖아. 네가 항상 말했잖아. 실천으로 세상에 이로움을 주는 것이 공부라고."

"귀복아, 네가 그토록 해 보고 싶은 일이라면 도전해 봐."

뜻밖의 말을 들은 귀복은 계향의 말이 믿어지지 않아 눈이 커다

래졌다.

"하지만 난 여자야. 그게 가능할까?"

"여자라고 못 할 게 어디 있어? 네 능력을 펼쳐 봐. 도전하는 것만으로도 기쁨을 느낄 수 있다면 도전해 보는 거지."

귀복은 감히 도전이라는 말을 쓸 수가 없었는데 계향의 말을 듣고 가슴이 뜨거워졌다.

"계향아, 그럼 나보고 무예를 배워 무과 시험에 도전해 보라는 거야?"

"네가 진정으로 원한다면 용기를 내 보는 거야. 나는 너를 응원할게."

귀복은 계향의 반응이 뜻밖이라 얼떨떨하면서도 친구의 응원을 받아서인지 환한 얼굴로 돌아갔다.

그날 귀복이 돌아가고 나서 계향은 종일 생각에 잠겼다.

'마음을 닦아 경을 바로 세우고, 그 뒤에는 실천을 하는 것이 중요하다. 소동파도 고통받는 백성들 편에서 시를 쓰고 자신의 생각을 정치로 실천했어.'

계향은 공부에 더욱 전념하기로 했다. 무지하다면 세상을 위한 그 어떤 일도 할 수 없다고 생각했기 때문이었다.

 '벼슬을 하거나 남 앞에서 재주를 드러내지 않더라도 세상에는 나 같은 여자들이 해야 할 일이 얼마든지 많아.'
 계향은 밤늦도록 책을 읽다가 깜빡 잠이 들었고, 꿈을 꾸었다.

 계향이 많은 유생들 앞에 서서 열심히 강론을 하고 있었다. 남자와 여자가 서로 한데 모여 계향이 쓴 책을 앞에 놓고 공부를 하는 중이었다. 유생들은 계향에게 질문을 하고, 계향은 답을 해 줬다. 유생들 중에는 귀복이도 있었다. 귀복이 물었다.

"스승님의 책이 오늘날 이토록 유명해질 줄 알고 계셨나요? 중국뿐만 아니라 서역˙인들에게까지 읽히고 있습니다."

"저는 제가 알고 있는 것을 책으로 써서 다만 함께 나누고 싶었을 뿐이었지요."

"이번에 임금께서 병조 판서와 예조 판서 관직을 여자들에게 내렸습니다."

˙서역(西域) : 중국의 서쪽에 있던 여러 나라를 통틀어 이르는 말

주변이 술렁거렸다. 병조 판서라면 군사 업무를 맡는 최고 우두머리였다. 예조 판서 또한 예법과 음악, 제사, 과거 시험 등에 대한 일을 맡아보던 예조의 으뜸 벼슬이라서 여자는 꿈도 못 꿀 일이었다. 귀복이 계속 말을 이어 갔다.

"왜란으로 불에 타 사라졌던 성균관을 다시 지었습니다. 지방 향교에서 뽑혀 올라온 수재 중에 여자 유생들의 수가 절반을 넘습니다. 《예기》의 〈내칙〉 편을 보면 여자는 남자 없이는 아무 일도 할 수 없다고 나오기도 하고 이제까지의 법도로 봐도 이런 일은 가당치 않습니다. 어떻게 생각하시는지요?"

"당연히 일어났어야 할 일이 일어난 것입니다. 하늘 아래 모든 인간은 다 평등하지요. 또 누구나 다 가진 능력이 있고요."

남자 유생도 손을 들고 질문을 했다. 얼굴이 앳된 소년이었다.

"스승님은 가난한 사람을 위한 구제• 사업을 실천하고 계시는데 이것 역시 경의 실천입니까?"

"네, 그렇습니다. 남을 돕는 일이야말로 공부한 사람이라면 누구나 해야 할 일이지요."

"그러면 그것이 군자의 도리입니까?"

• **구제(救濟)** : 자연적인 재해나 사회적인 피해를 당하여 어려운 처지에 있는 사람을 도와줌.

"그렇습니다. 사람은 누구나 군자가 되어야 합니다. 그러기 위해 노력해야 하고요."

그때 밖에서 어머니 권 씨가 계향을 부르는 소리가 아스라이 들려왔다. 계향은 깜짝 놀라 눈을 떴다.
'희한한 꿈이야.'
계향은 얼른 정신을 차리고 문을 열었다.
"여태 안 자고 뭐 하고 있었느냐? 어미가 네게 긴히 할 말이 있구나."
어머니 권 씨의 얼굴이 어쩐지 어두웠다.
"이제 너도 책은 그만 읽고 살림살이 익히는 데 힘을 써야 하지 않겠니? 여자가 너무 많이 알아도 허물이 되는 법이다."
어머니 권 씨가 조금 냉정한 목소리로 말했다.
"예, 어머니. 이제 살림하는 법을 배우겠습니다."
"요즘《소학》을 줄줄 외운다고 들었다. 여자는《예기》를 많이 읽고 삼종의 도를 따라야 한다.《예기》를 열심히 읽어 보라고 했는데 읽어 봤느냐?"
"예. 익히 읽어 내용을 잘 알고 있고, 어머니가 걱정하시는 것들도 알고 있어요."

계향은 어머니가 무슨 이야기를 하려는지 눈치를 챘다. 여자는 재능 가진 것이 허물이 된다는 것, 그 허물은 나아가 길러 주신 부모에게도 허물이 되고 혼인한 뒤에는 시부모와 남편에게도 허물이 된다는 것을 말하는 것이었다.

"어미가 염려하는 것이 무엇인지 안다고 하니 더 이상 말은 안 하겠다. 여자는 집안 살림을 잘해야 하고, 음식으로 어른을 공경하는 법을 잘 배워야 해."

계향은 《소학》뿐만 아니라 어머니가 늘 강조하시는 《예기》도 외울 정도로 자주 읽었기에 어머니 뜻을 헤아렸다. 《예기》에는 이해할 수 없는 내용도 있지만 사실 유익한 내용도 많았다. 음식 만드는 법이나 계절에 따라 음식을 보관하는 법, 그리고 그 음식으로 어른을 공경하는 것 등 삶의 지혜가 담겨 있었다.

"내일부터 부엌에 나와서 음식 만드는 법을 좀 익히거라."

사실 권 씨는 요즘 날로 몸이 안 좋아 딸에게 미리 살림을 가르쳐야겠다고 생각하고 있었다.

"아버지 사랑채에 언제나 손님이 많이 오시니 네가 일을 돕다 보면 배우는 것도 많고 살림의 지혜도 터득하게 될 것이야."

어머니는 계향에게 당부를 하고 안채로 돌아갔다. 계향은 마당으로 나왔다. 하늘에 달이 밝게 빛나고 있었다. 계향은 좀 전에 꾸었던 꿈을 다시 떠올렸다. 너무 놀라운 일이었다. 분명 지금과는 완전히 딴판인 세상이었다.

'어머니가 잠을 깨운 것이 야속해! 여자도 책을 써내고, 유생들 앞에서 강론을 하고……. 모든 사람이 평등한 세상! 그런 세상이 온다면 얼마나 신날까.'

계향은 생각만으로도 기분이 좋았다.

소녀 무사의 꿈

그믐달이 뜬 어느 날이었다. 밤은 어둡고 짙었다. 요즘 들어 계향은 낮에 살림을 배우느라 밤늦게 책을 읽는 날이 많았다. 계향의 방 등잔불은 자주 기름을 부어 줘도 금방 닳아 없어졌다. 그날 밤도 책에 빠져 글을 읽고 있는데 밖에서 기척이 들려왔다.

"계향아, 나 귀복이야."

오랜만에 듣는 귀복이 목소리였다. 요즘 김 처사가 열다섯 살이 된 귀복을 시집보내려고 혼처를 알아보고 있다는 소문을 들었다. 꽤 늦은 밤이었지만 계향은 귀복이 목소리가 반갑기만 했다.

"들어와."

계향이 문을 열어 주려던 참인데, 갑자기 방문을 열고 웬 소년 무사가 들어왔다. 계향은 원래 마음이 침착하고 담대하며 도량*이 큰 아이였다. 소리를 지르고 놀랄 만도 한데 조금의 흔들림도 없이 사내의 얼굴을 똑바로 바라보았다. 그런데 그 사내는 다름 아닌 귀복이었다.

"아니, 귀복이 네가 이 시간에 어인 일이니? 이 옷차림은 뭐고?"

귀복이는 무사 복장을 정리하듯 매만졌다.

"계향아, 작별 인사를 하려고 왔어. 나 오늘 먼 길을 떠나려고 해."

깜짝 놀란 계향이 가만히 자초지종을 들었다. 귀복은 무예를 익혀 무과에 도전하겠다고 했다. 계향은 언젠가 귀복이 찾아와 무과 이야기를 했던 날이 떠올랐다.

"그날 이후로 마음을 정한 거니?"

계향이 묻자 귀복은 고개를 끄덕였다.

왜란 이후 나라가 어수선해지자 민심을 안정시키기 위해 과거 시험은 이전보다 더 많이 치러졌다. 신분 상승을 위해 도전하고자 하는 사람들도 이때를 기회로 삼았다. 하지만 귀복은 여자였다. 여

* **도량(度量)** : 사물을 너그럽게 용납하여 처리할 수 있는 넓은 마음과 깊은 생각

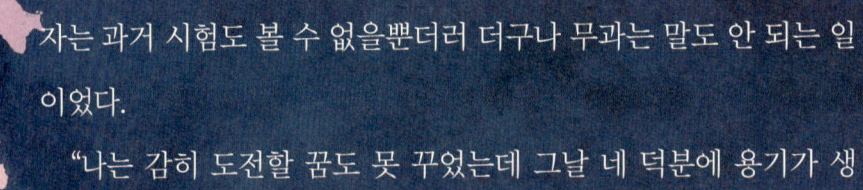

자는 과거 시험도 볼 수 없을뿐더러 더구나 무과는 말도 안 되는 일이었다.

"나는 감히 도전할 꿈도 못 꾸었는데 그날 네 덕분에 용기가 생겼어. 남들은 허황된 꿈이라고 할지도 모르지만 나도 군사가 되고 싶어. 무예를 익힐 스승을 알아 놨어. 심부름하면서 배울 수 있대. 나는 이제 떠나려고 해."

계향은 귀복의 마음을 알 것 같았다. 귀복은 어느 날 뜬금없이 찾아와 자신의 꿈에 대해 이야기를 했다. 그때 계향은 그 꿈이 오라버니와 아버지의 꿈이 아니라 진정 귀복이 원하는 일인지 물었었다. 귀복은 그렇다고 대답했었다.

"귀복아, 네가 여장수가 된다면 너무 멋있을 거야. 부디 힘들어도 잘 맞서 이겨 내길 바랄게."

계향은 귀복의 손을 꼭 잡아 주었다. 그러자 귀복이 왈칵 눈물

을 쏟아 냈다. 계향도 왈칵 눈물이 고였다. 평소 기쁘거나 슬픈 일에 결코 들뜨지 않는 계향이었지만, 오랜 친구가 힘든 결정을 내리고 험난한 길을 떠난다 하니 걱정이 앞섰다. 계향은 어머니에게 받아 가지고 있던 엽전과 또 필요할 때 돈이 될 만한 장신구 등을 챙겨 귀복이 손에 쥐여 주었다.

"고마워, 계향아. 너를 잊지 않을게."

"귀복아, 시련 속에서도 꼭 이겨 내야 해. 항상 앞에 서서 가는 자는 외로운 법이야. 언제나 너를 응원할게."

귀복은 고개를 끄덕였다. 그리고 씩씩하게 계향의 방을 나갔다. 김 처사에게는 편지 한 장을 써 놓고 용서를 구한다고 했다.

귀복이 떠난 후, 계향은 밤새 앉아 생각에 잠겼다. 유난히 부엉이 울음소리가 구슬프고 밤도 몹시 길었다. 계향은 당당히 자신의 앞날을 향해 나아가는 귀복이 어쩐지 부럽기까지 했다.

오랫동안 생각에 빠져 있던 계향이 먹을 꺼내 벼루에 갈기 시작했다. 계향은 마음이 어지러울 때면 단아한 자세로 앉아 글씨를 쓰는 것을 좋아했다.

계향은 종이를 펼치고 붓을 잡은 뒤 아버지가 평소 말씀하시는 경 글자를 정성껏 써 보았다. 또 《논어》에 있는 '오일삼성오신(吾日

三省吾身)'이라는 글자도 써 보았다. '하루에 세 번 나를 돌아본다.'라는 뜻이었다.

'나도 어려운 사람을 돕고 세상에 좋은 일을 하는 사람이 되고 싶어.'

계향은 세상 사람들과 함께하는 군자가 될 수 있는 방법이 무엇일까 고민했다. 아버지가 말씀하신 군자가 되기 위해서는 무엇보다 몸과 마음을 잘 다스려야 했다.

계향은 마음을 가지런히 하고 시를 적었다. '삼가 몸을 조심하다.'라는 뜻의 〈경신음〉이라는 시였다.

이 몸은 부모께서 주신 몸인데
감히 이 몸을 공경하지 않을 것인가.
이 내 몸을 욕되게 한다면
이는 곧 부모의 몸을 욕되게 함이로다.

계향은 글을 써 나가면서 아버지의 가르침을 떠올렸다.

"계향아, 고요 속에 있을 때 비로소 자신이 어떤 사람인지 알아차릴 수 있단다. 혼자 잘 때도 이불에 부끄럽지 않아야 하고, 혼자

걸을 때도 자기 그림자에 부끄럽지 않아야 한단다."

계향은 옛 성인처럼 덕을 갖추기 위해 공부하고 또 공부했다. 그러면서 자신이 가야 할 길을 조용히 그리기 시작했다.

음식은 곧 그 사람이다

며칠 후, 어머니가 계향을 부르며 방으로 들어왔다. 계향은 읽고 있던 책들을 얼른 한쪽으로 치웠다.

계향과 마주한 어머니 권 씨의 얼굴은 요즘 들어 더욱 창백했다. 원래 몸이 허약해 늘 기력이 없어 보이고 한여름에도 손발이 시리다고 할 정도로 핏기가 없었다. 그럼에도 불구하고 어머니는 아버지를 극진히 떠받들며 살아왔다. 또 대식구를 거느린 안살림을 지혜롭게 해 왔다.

계향은 어머니를 볼 때면 어딘가 깊은 슬픔을 감춰 놓은 듯이 보였다. 그 속에는 아들을 낳지 못해 평생 죄인처럼 살아온 여자로서의 아픔도 담겨 있었다.

"어머니, 요즘 안색이 안 좋으세요."

"요즘 소화가 잘 안 되고 잠도 잘 못 자 두통이 심하구나. 현기증도 있고."

"의원을 불러 진맥이라도 짚어 보고 약이라도 지어 드시는 게 어떨지요?"

"괜찮다. 내 병은 내가 잘 알아."

계향은 어머니가 안쓰러워 어머니의 손을 맞잡았다. 수십 년간 식구들을 돌보고 집안일을 하느라 어머니의 손은 몹시 거칠고 메마르며 차가웠다.

"계향아, 여자 나이 열다섯이 되면 혼례를 올려 머리에 비녀를 꽂아야 할 때다. 너는 이미 열일곱 살이 아니냐. 이제 너도 어미처럼 여자로서의 삶을 살 때가 온 것 같구나."

계향은 어머니가 하시는 말씀의 속뜻을 헤아렸다.

"그래서 하는 말인데 이제는 너도 살림살이를 잘 익히고, 시부모님을 잘 모시는 예의범절을 배워야 하느니라."

"네, 어머니. 잘 알고 있습니다."

"계향아, 행여 내가 아파서 집안 살림을 이어 가지 못한다 해도 방울어멈이 우리 집안 손맛을 그대로 익혔으니 방울어멈과 항상 의논하여 음식을 만들고 살림을 하거라."

방울어멈은 어머니의 친정인 맛질에서부터 함께해 온 터라 어머니 음식 솜씨를 그대로 배운 사람이었다.

계향은 갑자기 가슴이 덜컹 내려앉았다. 어쩐지 어머니의 생이 얼마 남지 않은 것처럼 느껴졌기 때문이었다.

"어머니가 건강하셔야 우리 가족 모두가 건강한 것 아닙니까. 어머니가 먹여 주신 모든 음식 덕분에 저희가 이제껏 살아올 수 있었으니까요."

"그래, 네 말이 맞다. 그러니 음식을 만드는 부엌은 사람의 생명을 지켜 주는 신성한 장소이고, 무언가를 나누고 베풀 수 있는 첫 번째 장소란다. 음식을 할 때는 늘 받드는 심정으로 정성을 들여야 해."

"네, 어머니. 명심할게요."

"오늘 아버지 손님이 오신다. 지금 아버지께 가서 무엇이 드시고 싶은지 공손히 여쭙고 오너라. 그리고 오늘은 계향이 네가 방울어멈과 함께 직접 음식을 만들고 손님에게 대접해 보는 게 어떻겠느냐?"

어머니의 말에 계향의 눈이 동그래졌다. 어머니 곁에서 도운 적은 많았지만 손님의 음식을 직접 나서 만든 적은 없었다.

"제가 어찌 어머니의 손맛을 낼까요? 하지만 정성을 다해 어머니께 배운 솜씨를 발휘해 볼게요."

계향은 진정으로 어머니를 쉬게 해 주고 싶었다. 방에서 나온 계향은 아버지에게 가서 무슨 음식이 좋을지 물었다.

"글쎄다, 뭐가 좋을까?"

"오늘 오시는 분은 누구신지 여쭤도 될까요?"

계향은 언젠가 어머니 권 씨가 부엌에서 "음식은 곧 그 사람이다."라고 했던 말이 떠올랐다. 평소 어떤 음식을 먹느냐에 따라 사람의 성격이나 기질이 나온다고 했다. 또 음식을 준비할 때도 어떤 손님이 오시는지 알고 준비를 하면 더 맛있는 음식을 낼 수 있다고 했다.

"운악 이함 선생의 자제인 이시명이다. 앞날이 창창한 젊은 유생인데 아비에게 인사를 하러 온다는구나. 운악 선생은 예전 학봉 스승님 문하•에 있을 때 만난 적이 있는 분인데 학식이 높고 인품이 훌륭한 어른이다. 특히 덕이 많은 어른이라 평생 남을 돕기를 좋아

• 문하(門下) : 가르침을 받는 스승의 아래

하여 배울 점이 많은 분이지. 시명은 그분의 셋째 아들이란다. 먼 길을 오느라 시장할 테니 식사는 든든히 보양이 될 만한 것으로 준비하면 좋을 것 같구나."

"네, 아버지."

계향은 젊은 유생을 떠올리며 음식을 고민했다. 남을 도우며 살아온 훌륭한 가문의 자제라 하니 담백하며 소박한 맛이면 더 좋을 것 같았다. 보양이 될 만한 것을 찾다 보니 닭 요리가 떠올랐다. 계향은 방울어멈과 함께 부엌에서 음식을 준비했다. 술은 어머니에게 배워 직접 담가 두었던 죽엽주를 내면 되겠다고 생각했다.

드디어 손님이 왔다. 영해 나랏골에서 온 이시명이었다. 그는 기개가 꼿꼿해 보였으며 청정한 소나무 같은 청년이었다. 눈은 밝게 빛나고 모습은 단정했다. 목소리 또한 맑으면서 단아하고 힘이 있어 보였다.

계향은 방울어멈과 함께 음식상을 들고 사랑채로 갔다. 아버지는 시명과 이야기를 나누고 있었다.

"그래, 어린 자식은 누가 돌보고 있나?"

"아들 상일과 딸 순오는 어머니께서 돌봐 주고 계십니다."

"그간 참 힘들었겠구먼. 자네는 향시˙에 합격하고 성균관에 유학하여 대과˙를 준비하는 앞날 창창한 선비거늘, 아내가 일찍 세상을 떠났으니 그 이별이 얼마나 슬프고 황망했겠나."

계향은 아버지와 젊은 선비가 나누는 대화를 우연찮게 듣게 되었다.

"나도 요즘 우리 안사람이 몸이 좋지 않아 걱정이 많다네. 안사람들의 공로를 우린 잊지 말아야 할 걸세. 그래서 아내의 소중함을 점점 더 느낀다네. 자네도 아이들을 봐서라도 어서 재혼을 해야 하지 않겠나."

계향은 아버지와 시명의 대화를 들으며 애틋한 마음이 들었다. 이제 한창인 젊은 선비도 딱하지만 엄마를 잃은 어린 남매들을 떠올리니 마음이 짠했다. 하루하루 기력이 쇠하는 어머니와 시명의 아내가 겹쳐 보였기 때문이었다.

계향은 조심스럽게 방 안으로 들어갔다. 음식상을 내려놓는데 아버지가 계향에게 말했다.

"계향아, 인사하거라. 이전에도 우리 집에 온 적이 있으니 너도

• 향시(鄕試) : 조선 시대에, 지방에서 실시하던 과거 시험의 첫 시험
• 대과(大科) : 과거 시험의 문과와 무과를 이르던 말

얼굴이 익을 것이다. 내 딸일세."

아버지 흥효가 두 사람을 인사시켰다. 가볍게 목례를 하는 중에 계향은 우연히 시명과 눈이 마주쳤다. 꼿꼿한 선비의 느낌임에도 어딘지 선함과 다정함이 묻어 있는 준수한 외모의 선비였다.

시명도 계향과 눈이 마주치자 눈빛이 순해지면서 소년처럼 얼굴을 붉히는 게 아닌가. 계향은 부끄러워 얼른 고개를 숙였다. 아버지가 시명의 술잔에 죽엽주를 따르는 모습을 뒤로하고 계향은 방을 나왔다.

'손님 접대가 참 어려운 일이야. 어머니는 이 일을 평생 해 오셨잖아.'

새삼 어머니가 대단해 보였다. 어머니는 음식으로써 사람에 대한 예를 갖추고 경을 실천하신 분이었다. 음식 하나가 완성되려면 손이 만 번 움직여야 한다고 했다.

문밖으로 술잔을 나누는 두 사람의 목소리가 흘러나왔다.

"향이 은은하고 맑아 마음이 정화되는 듯한 술맛입니다."

"그런가. 우리 딸이 빚은 죽엽주라네."

"어쩐지 대나무잎 향기가 입안을 감싼다 했습니다."

계향은 칭찬이 쑥스러워 도망치듯 부엌으로 달아났다. 처음으로

손님이 드실 음식을 도맡아 해 보면서 몹시 고단함을 느꼈다. 하지만 손님인 젊은 선비가 음식을 맛있게 먹고 지친 마음을 회복한다면 계향의 고단함도 싹 날아갈 것 같았다.

계향은 시명에게 대접한 음식인 수증계를 떠올렸다. 수증계는 닭을 담백하게 익혀 그 위에 색색의 채소 고명을 올린 요리였다. 쫄깃하고 담백한 살코기에 푹 우러난 토란 국물이 진하고 고소해 맛도 좋았다. 또 다채로운 고명은 손님을 극진히 대접하는 주인의 정성스런 마음이 담겨 품격이 느껴졌다.

아버지 사랑채에 음식을 들이고 나서 계향은 가슴이 콩닥거렸다. 분명 술 빚는 솜씨는 칭찬을 들었는데 과연 음식 맛이 어떨지 걱정되었다. 그러나 곧 이런 마음이 부끄럽게 느껴졌다.

'정성을 다했으니 됐어. 오늘 담백하고도 든든한 닭 요리를 대접해 드린 것은 잘한 것 같아.'

처음에 계향이 수증계를 하겠다고 했을 때 어머니는 고개를 끄덕였다.

"그렇게 해라. 덕망 높은 집안의 자제로 앞날이 창창한 선비인데 부인을 잃었으니……. 장가갈 때 이미 장모님이 안 계셔서 장모의 사랑인 씨암탉 밥상도 못 받았을 것 같구나. 허기진 마음이 음식으로 달래질 테지."

계향은 직접 만들었던 수증계 요리 비법을 종이에 그대로 적어 놓았다. 왜냐하면 요리를 할 때 자주 우왕좌왕했기 때문이었다. 방울어멈이 없었다면 요리를 망쳤을 수도 있었다.

'요리하는 과정을 잘 기록해 두면 다시 복습하는 게 되고, 다음에 요리할 때 실수하지 않고 더 잘할 거야.'

종이에 적고 보니 요리 하나에 수없이 많은 과정이 있었음을 느꼈다. 다듬고 씻고 두드리고 익히고……. 또 음식이 입에 들어가기까지 많은 생명들이 죽어 간다는 사실도 알았다. 닭이며 채소 등 모든 재료들은 살아 있던 것들이 아니었던가.

'음식을 먹는 것은 감사한 일이구나. 이토록 귀한 생명을 먹고 나쁜 짓을 하면 되겠는가.'

계향은 마음의 수양은 결코 책을 통해서만 이루어지는 것이 아니라, 음식을 하거나 먹는 동안에도 이룰 수 있다는 것을 깨달았다.

계향이 첫솜씨를 내어 대접했던 음식을 맛나게 먹은 덕분일까. 시명은 그날 이후부터 경당가의 사랑채에 묵으면서 경광서당에서 학문을 견고히 다져 나갔다.

2년이 흘렀다. 그동안 아버지 밑에서 공부하는 시명을 볼 때마다 계향은 마음이 든든하고 설렘이 일었다. 흥효 역시 시명을 가르치면서 학문에 대한 그의 재능과 성품을 찬찬히 알게 되었다.

'시명은 큰 강 같은 기량을 가진 사람이고 그릇이 커 큰 꿈을 이룰 사람이구나.'

시간이 흐를수록 흥효는 시명에 대한 믿음이 생겨났다. 딸과 혼인을 시켜도 좋겠다는 마음이 생겨 부인에게도 뜻을 물었다.

"운악 이함 선생은 고귀한 성품을 지닌 사람이오. 그분의 가문이 훌륭한 것은 이미 잘 알고 있고, 그분의 아들 시명이를 내가 가르쳐 보니 맑고 깨끗한 기질에 영특하면서도 단단해 자꾸 욕심이 생기는구려."

홍효는 어느새 열아홉 살이 된 딸 계향의 혼기가 지난 것이 늘 마음에 걸렸다. 그러자 부인 권 씨가 자리에 누운 채 병색이 짙은 얼굴로 말했다.

"제가 계속 병석에 있어 계향이가 집안일을 하고 있는데, 계향이를 출가시키면 마땅히 집안일 할 사람이 없으니……. 그렇다고 계향이를 마냥 붙잡아 둘 수도 없고, 저 때문에 딸의 혼기가 늦어지니……."

"그래서 하는 말인데, 시명이와 혼인을 시키면 어떻겠소. 나는 사윗감으로 더할 나위 없다고 생각하오. 사위를 데리고 딸과 함께 살 수만 있다면 더없이 좋겠으나……."

"재취• 자리라는 게 자꾸 걸립니다. 전처가 낳은 아이도 있고……. 계향 아버지의 안목을 믿긴 하지만 우선 계향이에게 뜻을 물어보시지요."

홍효는 계향을 불러 의견을 물었다.

"이시명은 기량이 큰 사람이다. 뛰어난 제자이기도 하지만 남편

• **재취(再娶)**: 아내를 여의었거나 아내와 이혼한 사람이 다시 장가가서 아내를 맞이함.

으로서도 듬직하여 너의 반려자로 손색이 없어 보이는데 너는 어떠하냐? 혹시 재취 자리라 맘에 걸리느냐?"

계향도 사실 마음속으로 시명을 흠모하고 있었다. 특히 강건하면서도 청정한 기질이 듬직했다. 또 아버지와 토론을 벌이는 모습을 훔쳐볼라치면 가슴이 두근거리곤 했다.

"사람이 서로 만나 두 마음을 잘 합치는 게 중요하지 않겠습니까. 저는 제 자신에게 부끄러운 일을 벌인 게 없기에 재취 자리라도 개의치 않아요."

혼담은 빠르게 성사되었다. 흥효는 운악 이함과 편지를 주고받았다.

운악 선생을 마음 깊이 존경하여 그 댁으로 딸을 시집보내는 것이 영광입니다.

경당 선생 같은 맑고 큰 학자와 사돈이 되는 것이 자랑스럽습니다.

이제 계향은 경당가 외동딸로서의 삶을 정리해야만 했다. 아픈 어머니 곁을 지키지 못하고 떠나야 하는 것이 가슴 아팠다.

"방울어멈, 부디 아버지와 어머니를 잘 부탁하네. 특히 병든 어머니를 두고 가는 지금 내 심정은 이루 말할 수 없다네."

"계향 아가씨, 걱정하지 마세요. 제가 더 극진히 모시겠어요."

방울어멈도 치맛자락으로 눈물을 훔쳤다.

계향은 시명과 함께 시댁이 있는 영해의 나랏골로 향했다. 그리고 재령 이씨 집안인 운악의 충효당에 신혼살림을 차리고 한 집안의 며느리로서 새로운 삶을 시작했다.

충효당의 가마솥

충효당의 살림은 결코 만만하지 않았다. 노비의 수가 1백 명에 이르고 먹여 살려야 할 식구들도 많았다.

시아버지 운악은 훌륭한 인품을 가진 사람이었다. 자식들의 교육에도 신경을 써 '만권당'이라는 도서관까지 만들어 두었다.

하지만 시명은 성균관 유학 시절, 과거 시험조차 정치적으로 이용되어 부정한 방법으로 사람을 뽑는 모습에 크게 실망했다. 시명은 분개하며 벼슬을 포기하고 조용히 숨어 살고자 했다.

"만권당에서 책을 읽고 공부할 때 가장 행복하지만 과거 제도가 고쳐지지 않는 한 나는 과거 시험을 치르지 않고 처사로 살 테요."

시명은 성질이 꼿꼿하고 대쪽 같아 불의를 보면 참지 못했다.

그러는 동안 계향은 시부모님을 모시랴, 또 충효당의 큰살림을 도맡아 하랴 정신없이 지냈다. 충효당 앞에는 늘 걸인들이 몰려들어 배고픔을 달래고자 했다. 아침이면 대문 앞으로 줄을 서서 한 끼 식사를 구걸하였다.

"밥 좀 주시오. 이 댁에 가면 얻어먹을 수 있다 하여 멀리서 왔소."

계향은 충효당의 며느리다운 넉넉한 품으로 이들을 결코 그냥 보내지 않았다. 계향은 오후가 되면 아예 마당에 커다란 가마솥 두 개를 걸고 죽을 쑤어 사람들에게 대접했다. 쌀과 나물 또는 곡식 가루를 넣거나 주워 놓은 도토리로 가루를 만들어 두었다가 끓인 죽이었다.

충효당의 인심은 소문이 나 굶주리는 사람들로 문전성시를 이뤘다. 계향은 그중 노인들과 임신한 여자들, 그리고 젖먹이를 안고

온 여자들의 굶주림에 더욱 마음이 쓰였다.

그러던 어느 날 출산을 앞둔 여자가 쓰러질 듯한 얼굴로 충효당을 찾아왔다.

"곧 아기를 낳아야 하는데 며칠째 굶었어요. 배 속의 아기를 위해서라도 부디 먹을 것 좀 나눠 주세요."

젊은 여인은 동산만 한 배를 받쳐 든 채 그 자리에 풀썩 주저앉았다. 오랜 배고픔에 지쳐 기운 없이 쓰러진 것이었다.

• **문전성시(門前成市)** : 찾아오는 사람이 많아 문 앞이 시장을 이루다시피 함을 이르는 말

계향은 여자를 일으켜 따뜻한 죽 한 그릇을 든든히 먹였다. 그러고 나니 갑자기 진통이 시작되었다. 여자는 애가 나올 것 같다며 소리를 지르기 시작했다.

"아이고, 배야! 나 죽네! 아기가 나오려고 해요! 나 좀 살려 주세요!"

충효당은 갑자기 분주해졌다. 계향은 산모를 방으로 데려가 눕히고 산파•를 불러 출산 준비를 시켰다. 여종들은 아기를 감쌀 강보•며 탯줄 끊을 가위를 챙기고 물을 끓이는 등 바쁘게 움직였다. 그런데 채 준비를 끝내기도 전에 우렁찬 아기 울음소리가 들렸다.

"세상에나! 튼튼한 사내 녀석이 나왔네요. 엄마가 힘이 없어 걱정스러웠는데 아기는 건강하고 튼튼하게 태어나서 다행이에요. 고생했어요."

산파의 말에 막 아이를 낳은 여자의 눈가에서 눈물이 주르르 흘러내렸다.

"고맙습니다. 이곳에서 베풀어 주신 한 끼가 저를 살리고 제 아기를 살렸네요. 은혜 잊지 않겠습니다."

• **산파(産婆)** : 아이를 낳을 때에, 아이를 받고 산모를 도와주는 일을 직업으로 하던 여자
• **강보(襁褓)** : 어린아이의 작은 이불

계향은 쌀밥을 짓고 미역국을 끓이게 했다. 그리고 무명베* 한 자락을 끊어 오게 하여 아기 옷을 지어 입혔다. 충효당에 대한 이런 이야기는 다른 마을까지 퍼져 배고픈 여자들이 멀리서도 젖먹이를 안고 찾아오는 일이 자주 있었다.

어느 날은 너무 굶주린 탓에 아기에게 젖을 물릴 수 없는 애 엄마가 와서 구걸을 했다.

"밥 좀 주소."

젊은 애 엄마는 사람들의 줄을 헤치고 앞으로 달려들었다. 그러자 여종 하나가 소리를 빽 질렀다.

"이 빌어먹을 여편네야, 줄을 서야 할 것 아냐!"

그러나 애 엄마는 사람들이 들고 있는 그릇까지 빼앗아 허겁지겁 죽을 여러 그릇 퍼먹었다.

그러자 또 다른 여종이 애 엄마를 밀며 소리쳤다.

"이 염치없는 여편네야! 줄도 안 서고 벌써 새치기 세 번에, 저 긴 줄 안 보여? 낯가죽이 이렇게 두껍냐! 생긴 꼬락서니도 영락없는 거지구면."

여종의 막말은 애 엄마의 자존심을 크게 건드렸다.

* **무명베** : 무명실로 짠 베

"뭐라고? 내가 아무리 얻어먹고 다녀도 다 자존심이 있어. 충효당은 이깟 죽사발 하나 내밀고 이렇게 모욕을 주는 곳인가? 젖먹이 줄 젖이 안 나와 그깟 세 번 더 먹은 걸 가지고!"

애 엄마는 속사포처럼 말을 쏟아붓더니 갑자기 배를 움켜쥔 채 마당에 풀썩 쓰러졌다. 등에 업혀 있던 아기도 바닥으로 나동그라져 악을 쓰며 울어 댔다. 몇몇 사람들이 아기를 안아 어르는 동안 다른 사람들은 애 엄마를 일으켜 세우려고 다가갔다.

그런데 뭔가 이상했다. 애 엄마는 오래 굶은 상태에서 갑작스레 음식이 들어가서인지 급체를 한 것 같았다. 갑자기 숨도 못 쉬고 소리도 내지 못한 채 몸이 굳어 있었다.

"마님, 큰일 났어요!"

겁을 먹은 여종이 소리를 질렀고 사람들이 애 엄마를 에워쌌다. 그때 계향은 사람들에게 나눠 줄 곡식 주머니를 챙기던 참이었다. 계향은 얻어먹으러 온 사람들에게 항상 깨끗한 흰 주머니에 빻은 곡식을 담아 나눠 주었다. 어릴 때 이웃 친구 귀복에게 했던 것처럼 얻어먹는 사람들의 자존심이 다치지 않게 하기 위한 배려였다.

"무슨 일이냐!"

오랫동안 굶은 사람들이 충효당 마당에서 허기진 배를 움켜쥔 채 쓰러지는 일은 자주 있었다. 그런데 애 엄마는 배고파 쓰러지는 사람들보다 상태가 심각해 보였다.

"빨리 침통을 가져오너라."

충효당에는 평소 아픈 사람들을 치료하기 위한 침이나 약재들도 있었다. 여종이 침통을 내밀자 계향은 재빨리 여자의 손발을 따서 꽉 막힌 명치 끝을 뚫어 주고 막힌 피가 돌게 했다. 또 애 엄마의 코와 입에 숨을 불어넣어 숨이 돌도록 조치했다. 손발이 차갑게 굳으며 숨이 끊어질 것 같던 여인이 어느새 평온한 모습을 되찾았다.

"정신이 드는가?"

계향이 묻자 애 엄마는 가만히 몸을 일으키고 고개를 끄덕였다.

"마님, 감사합니다. 오랜만에 음식이 들어가 경련이 일어났던 모양입니다."

계향은 기력 없이 쓰러져 죽을 것 같은 사람들을 위해 고아 두었던 자라탕을 가져오게 한 뒤, 여인에게 손수 떠먹여 주었다.

"오랫동안 굶은 채로 아이에게 젖을 물리니 어미 몸이 많이 허약해진 것 같네."

애 엄마는 몸 둘 바를 몰라 했다.

"죄송합니다. 새끼에게 줄 젖이 안 나오다 보니 눈에 뵈는 게 없었나 봅니다. 새치기한 건 잘못한 일이지만 막말을 들으니 성질을 못 참아 급체에 경련까지 일어났던 모양입니다."

그러자 계향은 애 엄마 등을 어루만지며 인자하게 말했다.

"미안하네. 내가 우리 식솔들 교육을 잘못 시킨 것 같네. 죽 한 그릇 편하게 먹지 못하게 했으니 대신 사과하겠네."

"마님… 무슨 그런 말씀을요. 제 생명의 은인이십니다."

애 엄마는 자라탕까지 손수 먹여 준 계향의 은혜가 고맙기만 했다. 게다가 아이를 위해 잘 먹어야 한다면서 먹을 것과 곡식 주머니를 챙겨 준 배려도 눈물 나게 고마웠다.

계향은 그날 음식을 다 나누고 난 뒤 하인들을 불러 모았다.

"내가 그동안 어떻게 하라고 했느냐."

애 엄마와 싸웠던 여종이 고개를 숙인 채 대답했다.

"마님, 죄송합니다. 마님의 말씀을 잘 받들겠습니다."

사실 계향은 하인들에게 자신이 정한 원칙들을 일러 주곤 했다. 얻으러 온 사람들을 절대 빈손으로 돌려보내지 말 것, 그들의 자존심을 다치게 하는 언행을 삼갈 것, 죽을 나눠 줄 때는 공손히 두 손을 받쳐 주도록 할 것 등이었다. 기꺼이 나누고 함께한다는 생각으로 베풀고 돕도록 가르쳤다.

계향은 사람들에게 음식을 나눠 주면서 배고픔의 고통이 얼마나 큰지를 알게 되었다. 누군가에게는 음식 한 그릇이 별것 아니지만, 누군가는 목숨을 끊으려 했다가도 따뜻한 밥 한 끼 먹고 나면 살아갈 힘을 얻기도 했다.

계향은 배고픈 자들을 위해 날마다 커다란 가마솥을 걸어 죽을 끓이고 끼니를 챙겼다. 하지만 이것이 그들을 돕는 근본적인 대책이 될 수 없다는 것을 깨달았다.

어느 날 계향은 시아버지 운악 앞에 앉았다.

"아버님, 충효당 앞에는 일 년 내내 걸인들과 배고픈 사람들이 줄을 서 있으나 곳간의 양식은 정해져 있어요. 무작정 식량을 퍼서 그들에게 준다고 해서 해결되는 것은 아니라고 생각해요. 또한 얻어먹는 자의 자존심도 생각하여야 할 것 같습니다."

"그래, 나도 그게 늘 고민이었다. 좋은 생각이라도 있느냐?"

"굶어 죽는 것도 무섭지만 추위에 얼어 죽는 것도 큰 고통이에요. 없는 자들은 최소한 걸쳐야 할 따뜻한 옷조차 없어 참 안타깝습니다. 도토리죽이라도 쑤어 주기 위해 도토리를 주워 오게도 하지만, 그와 더불어 길쌈 노비들과 함께 옷감을 지어 그들이 얼어 죽지 않게 하는 것이 어떨까 합니다."

"빈민 구제 사업을 하겠다는 것이로구나."
"네, 맞습니다. 힘없고 배고픈 백성들 누구나 우리 충효당에서 노비들과 함께 길쌈을 하면 그 대가를 지불하여 그들에게 옷을 주고 끼니를 해결해 주는 거지요."
"좋은 생각이구나. 그들이 일을 하면 배고픔을 없앨 수 있으니 좋고, 또 살아갈 희망을 얻

으니 좋을 것 같구나."

"네, 그렇습니다. 베푸는 것도 예를 갖추어야 할 것입니다. 또 먹는 것에 그치는 게 아니라 옷이 없는 자에게는 옷을, 아픈 자에게는 약을, 따뜻한 잠자리가 필요한 자에게는 잠시 쉬어 갈 거처를 마련해 준다면 충효당의 이름에 걸맞게 돕는 일이 아니겠습니까."

계향은 항상 공부하면서 터득하고자 했던 경이라는 것이 결국

세상 사람들을 위하는 일이라고 생각했다. 또 그것은 군자가 가야 할 길이기도 했다.

"네 뜻대로 계획을 잘 세워 보거라."

운악은 며느리 계향이 든든하고 믿음직스러웠다.

계향은 차분하게 계획을 세웠다. 길쌈도 하고 도토리나무도 많이 가꾸어야겠다는 생각을 했다. 충효당 곳간에는 보릿고개●를 넘기기 위해 가을에 부지런히 주워다 놓은 도토리가 있었다. 또 틈만 나면 약초도 말려 두었다. 가난한 자들에게는 항상 병도 따라다녔기 때문이었다.

'도토리나무는 척박한 땅에서도 잘 자라니까 더 많이 심어야겠어. 그렇게 하면 부족한 식량 해결에 큰 도움이 될 거야.'

계향은 정신없이 해 오던 것들을 다시 점검하고 계획을 세웠다. 먼저 수많은 노비들이 효율적으로 일을 하도록 해야 했다. 그동안에도 노비 여러 명에게 길쌈을 시켰지만 헐벗은 이들의 옷까지 마련하려면 농사가 먼저 시작되어야 했다. 옷감을 만들기 위해서는

● **보릿고개** : 햇보리가 나올 때까지의 넘기 힘든 고개라는 뜻으로, 묵은 곡식은 거의 떨어지고 보리는 아직 여물지 않아 농촌의 식량 사정이 가장 어려운 때를 비유적으로 이르는 말

먼저 밭에 삼이나 목화를 심어 수확해야만 했다.

어느 날 시명이 계향에게 물었다.

"요즘 충효당에만 일꾼들이 몰려들어 주변에서 시샘하는 사람들이 많다 하오. 농사를 더 많이 늘린 이유라도 있소?"

"네, 가난하여 굶거나 얼어 죽는 사람을 위해 콩 작물을 늘리고 또 목화 농사를 늘렸어요. 세금으로 내는 군포˙ 한 필은 쌀 열두 말 값이나 마찬가지 아닙니까. 가난한 사람들은 군포를 내고 나면 헐벗은 채 지내야 하니 우리 땅에 목화를 심어 그들이 입을 옷을 짓게 하려고요."

"좋은 생각이구려. 당신이 길쌈 계획을 꼼꼼히 잘 세워 보시오."

"그렇잖아도 할 말이 있었어요. 아파서 괴로워하는 사람들을 돕기 위해 제가 충효당에 약초 캐는 일꾼도 따로 두었습니다. 그런데 더 나아가 의원을 두어 식구들뿐만 아니라 충효당에 오는 병든 이들을 치료하면 어떨는지요?"

"좋은 생각 같소. 모든 일을 당신이 알아서 잘하니 대견하고 고맙소. 아버님도 당신을 칭찬하시었소."

계향은 자신의 빈민 구제 사업에 협조해 주는 시아버지와 남편

˙ **군포(軍布)** : 조선 시대에, 군대에 가야 하는 의무를 면제해 주는 대신 받아들이던 베

에게 고마운 마음이 들었다.

 빈민 구제에 힘을 쏟는 동안 계향은 아들을 낳았다. 계향이 낳은 첫아들은 휘일이었다. 계향은 시명 전 부인의 아들 상일과 딸 순오, 그리고 새로 태어난 휘일까지 돌보느라 더욱 바쁜 나날을 보냈다.

친구의 편지

계향이 아들 휘일을 낳은 뒤, 또 아이를 가졌을 때 친정인 경당 가에서는 큰일이 일어났다. 어머니 권 씨가 세상을 떠난 것이었다. 계향이 혼자 남은 아버지를 걱정하자 시아버지 운악은 계향이 한동안 친정에서 머물도록 했다.

"홀로 계신 아버지를 돌보러 가는 일은 당연한 일이다. 우리 손주들도 학식 높은 외조부와 함께 지내면 많은 것을 배우지 않겠느냐."

시아버지의 말에 따라 계향은 아이들을 데리고 친정으로 갔다. 방울어멈은 반가워 어쩔 줄 몰라 했다.

"아씨가 오시니 경당가에 다시 안주인이 온 듯 집 안이 꽉 차는 것 같아요."

"방울어멈 덕분에 내가 걱정을 덜 수 있었다오."

어머니가 돌아가시고 나서 몸이 상한 아버지의 입맛을 맞춰 준 이는 방울어멈이었다.

계향은 얼마간 친정에서 지내며 아버지를 보살펴 드렸다. 상일과 휘일은 외조부 밑에서 귀여움을 받으며 글공부를 했다.

아버지는 아들이 없었기에 두 번째 부인을 얻었다. 아버지의 혼인은 계향이 바라던 일이었다. 계향은 새어머니에게 살림을 가르쳐 드리기도 했다. 새어머니를 보고 있으니 돌아가신 어머니 생각이 더욱 간절했다.

오랜만에 고향집에 돌아오니 문득 어린 시절 친구였던 귀복이 얼굴도 떠올랐다.

'귀복이는 지금 어디에 있을까?'

계향은 귀복이 살던 집에 찾아가 보았다. 집에는 김 처사 혼자 살고 있었다. 김 처사는 그새 많이 늙어 있었다. 계향이 인사를 하자 김 처사는 눈물을 글썽이며 반가워했다.

"계향이 자네 소식은 더러 들었네. 충효당의 며느리가 된 자네에 대한 칭송이 우리 마을까지 자자했네.”

계향은 귀복의 소식이 있었는지 물었다. 그러자 김 처사가 갑자기 눈물을 보였다.

"집을 나간 뒤로 아직 아무 소식이 없다네. 살았는지 죽었는지!"

계향은 만들어 온 음식과 먹을 양식을 부엌에 두고 김 처사의 집을 나왔다.

'귀복이는 지금쯤 자신이 바라던 꿈을 이루었을까?'

친정이 안정되자 계향은 다시 영해 나랏골로 돌아왔다. 충효당 살림을 맡으면서 친정에서 낳았던 명여에 이어 딸 명이와 아들 현일, 숭일을 낳고 길렀다. 새 생명이 태어나면 한 생명은 지는 게 세상 이치인지 시아버지 운악이 세상을 떠났다. 계향은 사람들을 돕던 시아버지를 생각하며 충효당 빈민 구제 사업에 더 신경을 썼다.

어느 날이었다. 계향은 마당에 가마솥을 걸고 걸인들에게 죽을 나눠 주고 있었다. 그때 줄 한가운데 서 있던 허름한 옷을 입은 남자가 자꾸 계향을 쳐다봤다. 계향은 몇 번인가 그와 눈이 마주쳤다. 삭아 빠진 도롱이°를 걸치고 커다란 삿갓을 썼는데 가끔 갓을 들어

° **도롱이** : 짚, 띠 등으로 엮어 허리나 어깨에 걸쳐 두르는 비옷

올려 계향을 슬쩍 바라보곤 했다. 얼굴의 반은 덥수룩한 수염이 차지하고 있었다.

드디어 그 남자가 계향 앞으로 다가왔다.

"마님, 죽 한 그릇 얻어먹으러 왔사옵니다. 오래 굶었습니다."

계향은 남자가 내민 표주박에 넘치도록 죽을 담아 주었다. 그러자 남자가 허리를 숙여 인사를 하더니 삿갓을 올리고 계향을 뚫어지게 바라보는 것이었다.

"마님, 드릴 말씀이 있사온데……."

사내 뒤로도 죽을 기다리는 사람이 많다 보니, 계향은 죽을 푸던 국자를 여종에게 건네고 옆으로 비켜서서 사내를 바라보았다. 그러자 사내의 음성이 어느새 달라졌다.

"계향아, 나야. 귀복이."

그 소리에 계향은 소스라치게 놀랐다.

"귀복이라고?"

"그래, 나야. 며칠 전 고향집으로 아버지를 뵈러 갔다가 네 소식을 전해 들었어."

계향은 사내의 얼굴을 뚫어지게 바라보았다. 수염도 붙이고 변장을 했지만 서글서글 큰 눈망울은 영락없는 귀복이었다. 귀복이 눈에는 눈물이 그렁그렁 맺혀 있었다.

"귀복이 맞구나. 네 눈을 나는 알지. 이게 얼마 만이야. 그동안 어찌 지냈니?"

"쫓기는 몸이라 자세한 것을 이야기할 수는 없고, 먼 길 가는 중에 너를 꼭 만나고 싶어 들렀어. 고마워, 계향아. 나는 네 덕분에 이루고 싶은 꿈을 이뤘어."

귀복은 소맷자락에서 접은 종이를 꺼냈다.

"오래 이야기하고 싶지만 보는 눈들도 있고… 그간의 일을 편지로 썼어."

귀복이 계향에게 편지를 건네자 사람들이 두 사람을 쳐다보며 웅성대기 시작했다.

"마님, 저희 대감마님께서 보내신 서찰이오니 주인 나리께 꼭 전해 주세요."

귀복은 일부러 다른 사람 들으라는 듯 씩씩한 목소리로 인사를 하고는 서둘러 죽을 먹더니 어느 틈엔가 사라졌다. 계향은 마치 꿈을 꾼 것처럼 어지러웠다.

그날 밤, 고단한 몸을 누이기 전에 계향은 치마 허리춤 주머니에 잘 넣어 두었던 편지를 꺼냈다.

계향아, 오랜만이다. 잘 지냈니? 나는 그간 어느 스승님 밑에서 무예를 익히고 무과에 합격하여 내 꿈을 이뤘어.

너와 함께 공부하던 소녀 시절, 나는 장수가 되고 싶다는 엉뚱한 꿈을 갖게 되었어. 그 꿈은 여자는 아무것도 할 수 없다는 것에 대한 실망과 좌절로 시작된 꿈이었지. 하지만 진정으로 원한다면 용기를 내 보라는 네 이야기 덕분에 무과에 도전할 수 있었어. 그래, 한 번 사는 삶인데 내가 정녕 하고 싶은 일에 도전조차 못 한다면 희망이 없겠지.

너는 언제나 나를 이끌어 주는 친구이자 스승이나 마찬가지야.

...

너에게 작별 인사를 하러 갔던 열다섯 살의 그날 밤, 네가 그랬지. 귀복이가 여장수가 된다면 참 멋진 일일 거라고. 그리고 세상에 맞서 잘 이겨 나가라고. 나는 힘들 때마다 네가 보내 준 응원을 떠올리곤 했어.

나는 또 길을 떠나야만 해. 요즘 나라가 어수선하고 청나라 움직임이 수상해. 우리 백성들은 왜란 이후 얼마나 힘들었니. 나는 당당히 군사로 지원해서 나라를 지키는 일에 힘쓸 거야. 나라를 지키고 구하는 일에 여자 남자가 어디 있겠니.

너도 충효당의 며느리로서 네가 꿈꾸던 경을 나눔이라는 선행으로 멋지게 실천하고 있다는 소식을 들었어. 내 친구 계향아, 우리 당당히 나아갈 길을 가자. 그리고 훗날 서로 웃으며 만나자.

- 너의 친구 귀복이가

귀복의 편지는 꽤 길었다. 편지의 중간에는 무과에 합격했음에도 결국 쫓기는 신세가 된 연유도 적혀 있었다.

무과에 도전하겠다는 편지를 써놓고 밤에 몰래 떠난 귀복은 어느 무사 밑에서 심부름을 해 가며 여러 명의 수련생들과 함께 생활했다. 낮에는 무예를 익히고 밤에는 열심히 공부를 한 결과 무과에 합격하는 꿈을 이룰 수 있었다.

하지만 임관•이 쉽지 않았다. 무과 합격자들 사이에서는 뇌물을 줘야 발령이 나는 등 불공정한 일이 일어나기도 했다. 귀복이도 오래 기다린 끝에 다행히 임시직으로나마 겨우 발령을 받았다.

그런데 귀복을 시샘하던 동료가 귀복이 여자임을 알아내 그 사실을 폭로했다. 귀복은 도망치는 길에 아버지를 만나러 고향 집에 들렀고 그때 계향이 소식을 듣게 된 것이었다.

'군사로 지원하기 위해 길을 떠나면서 마지막으로 충효당을 들렀던 것이구나.'

편지를 다 읽고 난 계향의 눈시울이 뜨거워졌다. 그것은 기쁨의 눈물이었다. 여자로서 힘든 삶을 스스로 선택해 가고 있는 귀복이 자랑스러웠다. 서로 빛깔은 다르지만 귀복이도 자신처럼 어릴 적

• 임관(任官) : 관직에 임명됨.

공부했던 대로 세상을 이롭게 하는 일을 실천하고 있다는 생각이 들었다.

"귀복아, 뜻이 있는 곳에 길이 있다잖니. 어디서든 항상 무사하길 바랄게."

얼마 후 청나라 태종이 10만여 명의 대군을 이끌고 조선을 침공해서 병자호란이라는 전쟁을 일으켰다. 임금이 항복하고 백성들

이 청나라에 잡혀가는 등 나라는 또 어지러웠다. 백성들은 굴욕을 느껴야 했다. 시명 또한 조선 백성이 겪는 굴욕적인 사건들로 인해 좌절했다.

  계향은 문득 귀복이 생각이 났다. 지난번 편지 내용으로 봐서는 분명 전쟁터에 군사로 자원해 간 것이 분명했다. 계향은 시명과 함께 나라 걱정에 쉽게 잠을 이루지 못했다.

그러던 어느 날, 관찰사˙가 포졸들을 이끌고 집에 찾아와 느닷없이 시명을 잡아가겠다고 했다.

"무슨 일인지나 밝히고 잡아가시오."

시명이 소리쳤다. 계향은 남편 시명이 포졸들에게 붙잡혀 가는 것을 납득할 수 없었다. 천성이 곧아 옳지 않은 일을 할 남편이 아니었다. 오히려 꼿꼿한 성품으로 인해 불의와 타협하지 않으며 살아온 선비 아닌가.

"소작인˙들을 불러 매질을 한 적이 있다는 걸 알고 있소."

"가당치도 않소. 내가 소작인들을 붙잡아 매질을 시켰다니, 누가 그런 악의적인 소문을 냈단 말이오?"

"지금 영해 땅 소작인들이 다 도망가서 농사를 지을 수 없다 하오. 다 이시명 당신 때문이라는 고발장이 접수됐소. 하여 그 죄로 한양으로 압송˙되어 재판을 받을 것이오."

아닌 밤중에 홍두깨라더니, 말도 안 되는 일이었다. 누가 누구를 매질했으며 시명이 당최 무슨 죄를 지었다는 것인지 알 수가 없었

˙ 관찰사(觀察使) : 조선 시대에 둔 각 도의 으뜸 벼슬로, 그 지방의 경찰권·사법권·징세권 등의 행정상 절대적인 권한을 가진 종이품 벼슬
˙ 소작인(小作人) : 다른 사람의 농지를 빌려 농사를 짓고 그 대가로 사용료를 지급하는 사람
˙ 압송(押送) : 죄인을 어느 한 곳에서 다른 곳으로 데려가는 일

다. 성질이 불같은 시명은 큰 소리로 포졸들에게 호통을 쳤다.

"나라가 썩었기로서니 이젠 없는 죄도 만들어 사람을 끌고 가는 게 지금의 조선이더냐!"

시명은 아내 계향의 살림에 일절 간섭하지 않았다. 그래서 충효당의 농사나 소작인을 부리는 일도 시명과는 전혀 관계가 없었다. 계향은 분명 충효당을 시기 질투하던 누군가가 꾸민 일이라고 생각했다.

충효당의 땅에서 농사짓던 소작인들은 다른 집보다 훨씬 적은 소작료를 내고 있었기에 다들 충효당에서 농사짓고 싶어 했다. 그러니 비싼 소작료를 물게 했던 양반들은 이것을 못마땅히 여겼다. 그래서 그들은 계획적으로 소문을 만들어 충효당을 음해˙하고 시명에게 없는 죄를 뒤집어씌운 것이었다.

하지만 충효당이 어떤 곳인가. 운악은 늘 존경받는 어른이었다. 더욱이 계향이 그동안 충효당에서 베풀었던 선행은 이미 사람들을 감동시키고도 남았다. 충효당에서 은혜를 입은 사람들이 직접 나서서 시명에 대한 소문이 근거 없는 소문임을 밝혀 주었다. 포승줄˙에

˙**음해(陰害)** : 몸을 드러내지 않은 채 음흉한 방법으로 남에게 해를 가함.
˙**포승(捕繩)줄** : 죄인을 잡아 묶는 노끈

묶여 한양으로 끌려갔던 시명은 누명을 벗고 곧바로 풀려났다.

  계향은 옳은 일을 할 때 방해와 모함도 뒤따른다는 것을 알았다. 그렇지만 계향은 남을 돕는 일에 더욱더 진심을 다했다.

영양 석보촌, 배고픔을 이겨 내다

충효당의 셋째 아들인 시명은 어느 순간 분가˙해야 할 필요성을 느꼈다. 자식들도 커서 식구도 늘어났고 이젠 어엿하게 자립해야 할 때라고 생각했다. 그리하여 계향과 함께 영양 석보촌으로 이사할 계획을 세웠다. 석보촌은 이미 십여 년 전부터 거처로 정해 놓은 곳이었다. 안채, 사랑채, 노비들의 처소와 곳간 등을 합쳐 다섯 채의 작은 집을 마련해 두었다.

분가를 결심하면서 계향은 재산을 물려받는 것은 옳지 않다고 생각했다. 그래서 시명에게 제안을 했다.

˙**분가(分家)**: 가족의 한 구성원이 주로 결혼 등으로 살림을 차려 따로 나감.

"가진 것이 없어 고통받는 사람들이 많습니다. 그런데 사대부라는 명분으로 버젓이 많은 재산을 상속받는 일은 불평등하며 부끄러운 일입니다."

시명 또한 이 문제에 대해 깊이 고민했기에 기꺼이 부인 계향의 뜻에 따르기로 했다.

"당신 말이 맞소. 나는 지금 벼슬아치도 아니고 나라에 공을 세운 자도 아닌데 땅을 갖는 것은 부끄러운 일이오. 조선 인구의 대부분이 자기 땅 없이 나라 땅에서 농사지으며 세금을 내고 있는데, 세금도 덜 내는 양반 사대부들은 땅을 소유하며 재산만 늘리고 있으니 옳지 않은 일이오."

그것은 시명이 과거 시험에 대해 비판했던 것과 같은 것이었다. 과거 시험에서 권력 실세와 짜고 정파˙에 유리한 답을 써낸 자를 장원 급제 시키는 것과 같은 부당함이었다. 시명은 향시에서 다섯 번이나 일등을 했음에도 이런 부당함에 맞서기 위해 세상의 은둔자로 살기를 자처했다. 계향은 시명이 진사˙에 합격했을 때 축하 선

- 정파(政派) : 정치에서의 이해관계에 따라 따로따로 모인 무리
- 진사(進士) : 조선 시대에, 과거 시험의 예비 시험인 소과의 2차 시험에 합격한 사람에게 준 칭호

물로 받은 석보촌의 논과 밭만 지닌 채 새 삶을 시작했다.

석보촌 두들마을로 이사 와 지내는 삶은 쉽지 않았다. 특히 부잣집 셋째 아들이던 시명이 세상과 인연을 끊고 청빈˙하게 사는 것은 힘든 일이었다. 시명은 세상의 명예와 권세에 대한 욕심이 일어날 때마다 숲속 언덕바위에 앉아 냇물 소리를 들으며 그 마음을 씻어 내고 시를 지었다.

…

흰 돌 펼쳐져 굽이진 산골 물과

청산의 소박한 집 벗으로 삼고

아내와 자식은 짝으로 삼아

소나무 숲 달빛에 밥 지어 먹으리.

…

시명은 청빈한 마음이 변하지 않기를 바라며 바위 절벽에 배고픔을 즐기겠다는 뜻의 '낙기대'라는 글자를 새겨 의지를 다지기도 했다.

• **청빈(清貧)**: 성품이 깨끗하고 재물에 대한 욕심이 없어 가난함.

단출하게 시작한 두들마을에서의 생활은 힘겨웠다. 두들마을은 나랏골보다 가난한 사람이 더 많았다. 부모가 없는 아이들과 병든 노인들, 또 오래 굶주린 사람 등. 계향은 살림이 넉넉하지 않았으나 남을 보살피고 나누는 것을 조금도 소홀히 할 수 없었다.

"해 질 녘에 굴뚝에 연기가 피어오르지 않는 집이 있는지 알아보고 오너라."

계향은 하인들에게 심부름을 시켰다. 연기가 피어오르지 않는 집은 영락없이 외롭고 가난한 자들의 집이었다. 계향은 그들에게 식량과 땔감을 나눠 주기도 했다. 그리고 이런 선행을 절대 입으로 떠들지 않도록 하인들을 단단히 교육시켰다.

계향은 가난한 자들을 돕는 방법에 대해 여전히 고민이 많았다. 영해 나랏골 충효당에는 재산도 많고 기꺼이 나눌 식량들이 있었다. 하지만 석보촌으로 이사 온 뒤로는 계향의 삶도 궁핍했다.

'가난을 극복할 수 있는 방법을 마련해야 한다.'

계향은 여기저기 다니며 버려진 땅들을 찾아내 농사지을 땅으로 만들었다. 또 뒷산에는 도토리를 심어 도토리나무 숲도 가꾸었다. 산기슭을 일궈 콩, 메밀 등을 심는가 하면 여러 가지 음식 재료로 활용되는 동아도 심었다.

그러는 동안 시명은 자녀들의 교육을 맡았다. 세상과 담을 쌓고 지내려는 시명에게 계향이 조용히 권유한 일이었다. 시명은 석계초당이라는 서당을 열어 유생들과 자녀들을 가르쳤다.

계향도 어머니로서 자녀들에게 늘 학문의 중요성을 강조했다.

"학문을 하는 가장 큰 이유는 널리 사람들에게 이익이 되도록 하는 것에 있다. 단지 개인의 명예를 높이고 지위를 얻어 재산을 모으는 수단으로만 삼으려면 차라리 글공부를 하지 말거라."

또한 계향은 자식들에게 늘 선행을 하며 살도록 가르쳤다.

"얘들아, 나는 너희들이 글 잘한다는 소리를 듣는 것보다 착한 행동 하나를 했다는 소리를 듣는 것이 더 기쁘겠구나."

자녀들은 계향의 바람대로 석계초당에서 학업을 닦는 데에 열중했다. 현일, 숭일, 정일, 융일, 운일 형제들의 학문은 더욱 깊어졌다. 현일은 과거 시험에 합격하였고 형제들은 함께 책을 써내는 등 학자로서 명성을 높였다.

그러나 슬픈 일도 있었다. 계향의 두 딸이 세상을 떠난 것이었다. 큰딸 명여는 아이를 낳다가 죽었고, 둘째 딸 명이는 역질*에 걸려 죽고 말았다.

* 역질(疫疾) : '천연두'를 한방에서 이르는 말

석보촌에서의 삶은 가난과의 싸움이었다. 자식들은 잘 자라 혼인도 하고 높은 벼슬도 하였다. 하지만 계향은 가난한 자들과 함께 삶을 이어 나갔다.

시명은 그런 아내 계향을 깊이 사랑하고 존경했다. 그의 아들들도 어머니를 '성인군자'로 여기며 존경했다.

어느 날 시명은 계향이 어릴 때 쓴 시 〈성인음〉과 〈소소음〉을 비단 위에 붓글씨로 적었다. 계향은 열 살 무렵에 이미 시서화에 능했지만 철저히 자신의 재능을 숨기며 살아왔다. 시명은 이런 부인의 고귀함을 잘 알고 있었다. 그래서 자신이 붓글씨로 적은 것을 휘일의 아내인 며느리에게 주며 수를 놓도록 했다.

"어머님이 지으신 시와 아버님이 쓰신 글씨에 수를 놓게 되니 영광입니다."

며느리는 오색실로 정성스레 한 땀 한 땀 수를 놓았다. 다 완성된 서첩˙을 놓고 시명이 계향에게 말했다.

"당신의 재능이 참 아깝소. 또 당신의 미덕을 칭송하고 싶은 마음에 아이들과 함께 이렇게 수를 놓아 서첩을 만들었소."

그러나 우물처럼 깊은 마음을 가진 계향은 자신을 칭송하는 말

˙ 서첩(書帖) : 이름난 사람의 글씨나 매우 잘 쓴 글씨를 모아 만든 책

과 행동에도 절대 들뜨는 일이 없었다.

"당신의 정성과 자식들의 마음이 담긴 선물이군요."

계향은 옛날 생각에 잠겼다. 시를 짓고 그림을 그리던 어린 시절, 또 학문에 푹 빠져 있던 소녀 시절 그리고 어머니를 대신해 처음으로 손님 접대를 맡아 시명 앞으로 수증계 요리를 내갔던 그날도 선명히 떠올랐다. 극진히 준비한 요리는 상처를 입은 시명의 허기진 마음을 따뜻하게 달래 주었고, 이후에도 계향은 가난한 사람들과 음식을 나누기 위해 노력했다.

그간의 세월들이 하나씩 스쳐 지나가자 돌아가신 어머니 생각이 났다.

"계향아, 음식을 만드는 부엌은 사람의 생명을 지켜 주는 신성한 장소이고, 무언가를 나누고 베풀 수 있는 첫 번째 장소란다."

'그래, 음식을 나누는 일은 참 복된 일이구나.'

《음식디미방》의 나눔

어느 초여름 날이었다. 복숭아가 탐스럽게 매달리고 석류도 속을 채워 갈 무렵이었다. 계향은 모처럼 한가한 시간에 며느리와 함께 곡식 주머니를 만들고 있었다. 며느리가 말했다.

"어머님, 이 현감•댁 며느리 아시죠? 그 새댁이 어제 저를 찾아왔어요. 귀한 손님이 오시는데 무슨 음식을 해야 할지 모르겠다며 어머님께 여쭙고 싶답니다."

"시집온 지 얼마 안 된 그 새댁 말이냐?"

"네, 아마 시어머님이 일찍 돌아가셔서 집안에 내려오는 음식을

• **현감(縣監)** : 조선 시대의 행정 구역인 현 중에서 작은 현을 맡아 다스리던 지방관

미처 배우지 못해 걱정인가 봐요."

계향은 그 집의 사정을 잘 알고 있었기에 새댁의 처지를 이해하고 있었다.

그날 오후, 새댁이 계향을 찾아왔다. 열다섯이나 됐을까. 아주 앳된 얼굴의 새댁은 자리에 앉자마자 갑자기 훌쩍거리기 시작했다.

"저는 시집온 지 이제 한 달도 안 되었거든요. 제가 정말 솜씨가 없어서 시아버님 입맛을 맞추는 것도 벅찬데 며칠 뒤 귀한 손님이 오신대요. 큰일 났어요. 집안에 음식을 가르쳐 주는 사람은 아무도 없고, 제가 아무것도 모르니 하인에게 뭘 하라고 말해야 할지조차 막막합니다."

계향은 새댁의 심정을 이해하고도 남았다. 자신도 친정어머니에게 처음 요리를 배울 때 막막함을 느꼈었다. 더구나 어린 나이에 시집와서 사대부 집안의 살림을 꾸려 가는 것은 쉬운 일이 아니었다.

계향은 제철 재료를 이용해 만들 수 있는 음식을 알려 주었다.

"녹두와 동아를 이용해 만드는 음식 몇 가지를 알려 줄 테니 잘 배워 보게나."

계향은 녹두를 갈아 반죽을 한 뒤 팥소를 사이에 넣고 앞뒤로 지진 빈자, 다진 꿩고기와 버섯을 얇게 저민 동아에 싼 뒤 중탕으로 익힌 다음 양념한 밀가루 즙을 끼얹는 동아누르미 그리고 생선을 이용한 요리 등을 알려 주었다. 새댁은 흥미롭게 요리법을 익혀 나갔다.

"어머나! 이렇게 배우고 나니 요리도 재밌네요. 요리에 자신이 생겼어요. 호호."

그날 밤, 계향은 고된 몸을 이끌고 방으로 들어왔다. 이제 나이가 들어 쉽게 피곤했다. 하지만 웃는 새댁을 떠올리니 뿌듯했다. 세상에는 나눌 것이 많다는 생각이 들었다. 수십 년간 부엌에서 해 온 일도 마찬가지였다.

"내가 그동안 부엌에서 해 온 음식들의 조리법을 책으로 펴낸다면 오늘 그 새댁처럼 음식 만드는 방법을 몰라 힘들어하는 사람들에게 도움이 되겠어."

계향은 《중용》의 한 부분인 '인막불음식야(人莫不飮食也) 선능지미야(鮮能知味也)'라는 말을 떠올렸다. '먹고 마시지 않는 이 없으나 맛을 아는 이는 드물구나.'라는 뜻이었다. 계향은 글로써 나눔을 하는 일도 무척 필요하다는 생각을 했다.

그날부터 계향은 음식에 대한 책을 쓰기로 마음먹었다.

'어떻게 하면 사람들이 알아보기 쉽게 정리할 수 있을까?'

계향은 먼저 어떻게 분류를 할 것인가 고민했다.

'재료를 나누고, 계절을 나누고, 법도와 예에 맞춰 분류를 하는 것이 중요하겠어. 음식을 하기까지 재료를 보관하는 방법과 제사를 지내고 손님을 맞이할 때 필요한 술을 담가 놓는 방법도 기록해 두면 많은 여성들에게 도움이 되지 않을까.'

워낙 많은 음식을 다뤄야 하므로 계향은 어떻게 하면 사람들이 이 책을 더 실용적으로 활용할 수 있을까 깊이 생각했다.

'땅에서 나는 재료, 바다에서 구할 수 있는 재료, 또 무엇이 있을까.'

땅 중에서도 산, 들, 밭, 개울가 등 흙의 성질에 따라 나오는 재료들이 달랐다. 또 잎을 먹는 채소, 뿌리를 먹는 채소, 열매를 먹는 채소 등 종류도 수없이 많았다. 조선 땅은 사계절이 분명해서 식재료들이 다양하게 나는 만큼 음식 종류도 엄청났다.

계향은 우선 계절별로 구할 수 있는 음식 재료들을 추려 보았다. 또 육식 재료도 정리해 보았다.

'내 눈이 더 어두워지기 전에 부지런히 써서 펴내야겠어.'

계향은 음식 조리서를 읽는 사람은 분명 여성이 많을 테니 그들이 활용할 수 있게 하려면 한글로 적어야 한다고 생각했다. 사대부들과 남자들은 한글을 언문이라 칭하며 하찮은 글자로 여겼다. 하지만 계향은 반드시 한글로 적어야 한다고 생각했다.

'이 땅에서 자라난 재료들과 이제껏 먹어 온 음식인데, 우리말과 우리글로 적는 게 당연해. 맛도 좋고 건강에도 좋고, 대대손손 이어져 온 민족의 정기가 담긴 음식을 우리말로 기록하고 싶어.'

시댁인 영해 나랏골에서는 바다에서 나는 재료를 많이 사용해 음식을 만들었다. 또 깊은 산중에서 구해지는 재료들로 만들어지는 음식도 많았다. 손맛 좋기로 유명한 외가 음식과 혼인 후 시댁에서 익힌 음식도 정리해 나갔다.

그것은 대단히 큰 작업이었다. 국수류, 만두와 떡 종류, 어육류, 채소류 그리고 그동안 빚었던 술에 대해서도 51가지나 상세히 적었다.

'친정어머니와 술을 담그고 노긋하게 술이 익기를 기다리던 시간들……. 정리해 보니 술 종류도 이리 많구나.'

계향은 공들여 집필을 하여 마침내 음식 조리서를 완성했다. 모두 1백 46가지나 되는 음식들이었다.

"이 책의 제목은《음식디미방》으로 해야겠어."

'음식디미방'은 음식의 맛을 내는 방법이라는 뜻이었다. 이때 계향의 나이도 일흔이 넘었다. 계향은 자식들에게 일렀다.

"이리 눈 어두운데 이 책을 간신히 썼다. 그러니 이 뜻을 알아 이대로 시행하고 딸자식들은 각각 베껴 가되, 이 책을 가져갈 생각을 하지 말며, 부디 상하지 않게 여러 사람들과 잘 사용해라."

《음식디미방》을 완성하고 한 해가 흘렀다. 조선에는 대흉년이 들어 굶어 죽는 사람들이 많았다. 계향은 아침에 일찍 일어나 며느리에게 마당에 가마솥을 걸어 죽을 끓이게 했다. 곳간에 있는 양식이라야 얼마 남지 않았지만 계향은 말린 나물과 곡식 가루를 꺼내 놓았다.

"너희들에게 당부하마. 나 혼자는 절대 아무것도 아니다. 함께 살고 서로 나누고 도움이 필요한 사람을 돌봐 주는 것이 우리가 해야 할 일인 게야. 내 말을 잊지 말거라."

계향은 새로 일궈 놓은 산밭을 보러 나갔다. 그동안 부지런히 먹을거리를 마련하느라 몸이 아파도 쉰 적이 없었다. 자식들은 훌륭하게 잘 자라 학문이 높고 벼슬도 하고 있었지만, 계향에게 그런 것은 중요하지 않았다. 오늘도 내일도 모레도 계향은 가난한 자들과 무엇을 어떻게 나눌까 생각하느라 손마디가 굵고 거칠어져 있었다.

산밭으로 가는 길에 도토리를 심어 놓은 언덕에 올라갔다. 도토리나무는 어느새 꽤 자라 있었다. 계향은 따뜻한 손으로 나무들을 하나씩 어루만졌다.

"자네, 고맙네."

계향은 나무에 인사를 하고는 언덕 아래를 내려다보았다. 따사로운 햇볕 아래 평화로운 두들마을이 눈앞에 펼쳐졌다. 가을바람에 작은 도토리들이 계향의 낡은 신발 위로 툭툭 떨어졌다.

그때 그 사건

#임진왜란 #경신_대기근

1592년에 일본이 쳐들어와 일어난 임진왜란은 조선 최대의 전쟁이었어요. 이순신 장군의 활약으로 1598년, 비로소 전쟁이 끝났지요.

조선은 승리했지만 나라 전체에 큰 피해를 입었어요. 많은 사람이 죽거나 다쳤고 땅은 황폐해져 농경지도 크게 줄었어요. 게다가 왜란의 피해가 수습되기도 전에 1627년 후금이 쳐들어온 정묘호란, 1636년 청나라가 쳐들어온 병자호란을 겪으며 백성들의 삶은 점점 더 어려워졌어요.

또한 1670년 경술년과 1671년 신해년에는 전 지구적 기상 이변으로 조선에도 가뭄, 홍수, 우박, 서리, 병충해, 태풍, 지진 등 자연재해가 이어졌어요. 조선 전체에 큰 흉년이 들어 1백만 명에 이르는 사람들이 굶어 죽었어요. 사람들 사이에서는 전쟁보다 더 큰 재앙이라는 이야기까지 나왔어요. 이 사건을 경술년과 신해년 앞 글자를 따서 경신 대기근이라고 하지요.

전쟁과 흉년으로 가장 큰 피해를 보는 건 역시 가난한 백성들이었어요. 가축과 사람들 사이에 전염병이 돌아 많은 사람들이 죽었지요. 먹을 게 없는 마을을 떠나 무리 지어 도둑질하는 사람들이 늘어났고, 굶주린 사람들이 인육을 먹는다는 소문도 돌았어요.

조정에서는 대책을 마련하려고 했어요. 하지만 양반이나 대신들까지 목숨을 잃을 만큼 심각한 상황이었기 때문에 해결 방법을 찾기는 어려웠어요.

장계향은 가난하고 배고픈 사람들의 어려움을 모른 척하지 않았어요. 양반이었지만 부지런히 일하며 도토리나무 숲을 가꾸었고 수확한 도토리로 죽을 쑤어 가난한 사람들을 배 불리기 위해 노력했어요. 그리고 곡물, 옷감 등을 준비해 가난한 사람들에게 나누어 주었어요. 사람들은 자신이 가진 것을 베풀며 빈민 구제에 앞장섰던 장계향을 칭송했어요.

129

인물 키워드

#여중군자

나눔을 실천하며 어려운 사람들을 돕는 일에 앞장섰던 장계향은 조선의 여중군자였어요. 여중군자는 행실이 점잖고 어질며 학식이 높고 세상 사람이 우러르고 따를 만큼 덕을 쌓은 여자를 뜻해요.

장계향의 아버지 장흥효는 학자이자 서당에서 유생들을 가르치던 스승이었어요. 장계향은 아버지에게 글을 배워 《소학》과 《논어》, 《맹자》, 《중용》 등 여러 책을 읽으며 공부할 수 있었어요. 장계향은 서당에서 공부하는 유생들 못지않게 학식이 뛰어났어요. 또한 글씨를 잘 썼고 그림을 잘 그렸으며, 〈학발시〉, 〈성인음〉, 〈소소음〉, 〈경신음〉 등 시를 남길 만큼 문학적 재능과 세상을 꿰뚫어 보는 관찰력을 가지고 있었지요.

하지만 조선에서 여자가 공부하고 많이 아는 것은 흠이었어요. 장계향의 부모는 유난히 똑똑한 딸의 재능에 걱정이 많았지요. 총명했던 장계향은 부모의 걱정과 조선의 현실을 이해하고 자신의 재주를 더 이상 세상에 드러내지 않았어요. 대신 다른 방식으로 자신의 배움을 실천하기로 마음먹었지요.

16~17세기 조선은 왜란과 호란 등 전쟁을 겪으며 가난한 백성들이 더욱더 먹고살기 힘들어졌어요. 장계향은 자식을 전쟁터에 보낸 노인의 마음을 이해하고 어린 나이에 〈학발시〉를 쓸 만큼 사람들의 아픔에 공감할 줄 알았어요. 권력이나 재물에 욕심내지 않고 청빈하게 살았으며 가진 재산도 손님들에게 정성스러운 음식을 베풀고, 가난한 사람들에게 필요한 것을 나눠 줄 때 사용했어요. 또한 사람들을 도울 때도 함부로 대하거나 으스대지 않았어요. 아버지 장흥효가 강조했던 경 사상을 이어받아 올바르게 실천한 삶이었지요.

장계향은 능력이 뛰어났지만 여자라는 이유로 학문을 쌓거나 벼슬에 나설 수 없었어요. 하지만 불평하거나 좌절하지 않고 세상을 위해 자신이 할 수 있는 일을 찾았어요. 그 덕분에 여성으로서 모범이 되는 삶을 살면서도 성별을 뛰어넘어 자신의 앎을 실천하는 것에 앞장설 수 있었어요.

스스로 높아지려고 애쓰지 않았지만 모두가 우러러봤던 사람, 조선 최초의 여중군자 장계향은 오늘날에도 많은 사람들에게 존경받고 있지요.

임윤지당은 조선 시대의 또 다른 여중군자예요. 장계향이 자신의 자리에서 최선을 다했던 여성이라면 임윤지당은 성별의 한계를 허물고 학문을 닦아 성리학자가 된 여성이에요.

임윤지당은 어려서부터 역사, 인물, 정치에 대해 형제들과 토론할 만큼 학식이 뛰어났어요. 임윤지당의 재능을 알아본 둘째 오빠 임성주는 《효경》,《열녀전》,《소학》과 《논어》,《맹자》,《중용》,《대학》 등을 가르쳤어요.

녹문 임성주는 조선 후기의 대표적인 성리학자로서 평생 임윤지당의 스승이자 학문적 동료가 되었지요. 윤지당이라는 호 또한 임성주가 지어 준 것이었어요.

하지만 장계향과 마찬가지로 조선에서 임윤지당의 재능은 당당하게 드러낼 만한 것이 아니었어요. 임윤지당은 유교 사회 양반 가문의 여성답게 열아홉 살에 혼례를 올린 후 살림을 하며 며느리 그리고 아내로 살았지요.

그렇지만 어렵게 낳은 자식과 남편도 세상을 떠나고, 입양한 아들 또한 세상을 떠나는 등 임윤지당은 외로운 삶을 살아야 했어요. 이후 임윤지당은 일생

동안 공부에 집중했어요. 낮에는 평범한 조선의 여자들처럼 살림을 했고, 밤에는 책을 읽으며 공부했지요. 학문은 남성의 영역이라 여겼던 시대에 임윤지당은 여성의 시각으로 성리학을 연구하는 학자가 되었어요. 임윤지당의 사상은 《윤지당유고》로 남았어요. 임윤지당이 세상을 떠난 후 시동생 신광우와 동생 임정주가 임윤지당이 쓴 논설과 유교 경전에 대한 해설서 등을 정리했지요.

　임윤지당이 공부한 성리학은 조선 사회의 바탕이 되는 정신이자 대표 학문이었던 유학의 한 갈래였어요. 임윤지당은 남자와 여자의 타고난 성품은 같으며 누구나 수련을 통해 성인이 될 수 있다고 말했지요. 남성 중심의 유교 사회였던 조선에서 임윤지당은 학문을 닦는 행동 그 자체로 여성의 사회 활동에 대한 인식을 바꾸었을 뿐만 아니라 학문의 내용을 통해 여성을 향한 차별과 편견을 깨기 위해 노력했어요.

인물 그리고 현재

 #음식디미방 #두들마을 #장계향문화체험교육원

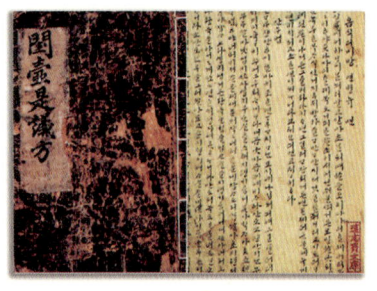
▲《음식디미방》 표지와 일부분

《음식디미방》은 장계향이 지은 요리책이에요. 조선 시대 여성이 순한글로 썼기 때문에 주목받았지요. '음식디미방(飮食知味方)'은 음식의 맛을 내는 방법이라는 뜻인데, 옛날에는 지(知)를 디로 발음했어요. 표지에는 한문으로 '규곤시의방(閨壼是議方)'이라고 쓰여 있는데, 여성에게 필요한 것을 옳게 풀이한 처방이라는 뜻이에요. 한자를 한글보다 격식 있게 여겼던 조선 시대 분위기에 따라 후손들이 덧붙인 것으로 여겨져요.

《음식디미방》에는 밀가루 음식과 떡, 생선과 고기, 술과 식초 등 1백 46가지 음식 조리법이 담겨 있어요. 음식 재료, 재료 손질 방법, 조리 순서, 식재료의 보관 방법 등이 적혀 있어 실용적이지요. 17세기 조선 시대 양반 가문의 음식 문화와 조리법을 연구할 때 중요한 자료예요. 또한 다양한 우리말 단어와 표기법 그리고 식재료의 사용 시기 등을 확인할 수 있어서 국어학과 역사학 등 다른 분야에서도 가치 있는 자료로 평가받아요.

경상북도 영양군 석보면에는 장계향이 살던 두들마을이 남아 있어요. 옛 모습을 잘 지켜 온 덕분에 1994년에 문화마을로 지정되었지요. 장계향과 이시명이 생활했던 석계고택과 석천서당도 둘러볼 수 있어요. 또한 영양군에서는 가난한 사람들에게 나눔을 실천했던 장계향의 삶을 기리기 위해서 장계향문화체험교육원을 운영하고 있어요. 《음식디미방》속 음식도 만들고, 다양한 전통 한옥 체험도 할 수 있지요.

▼ 두들마을 전경

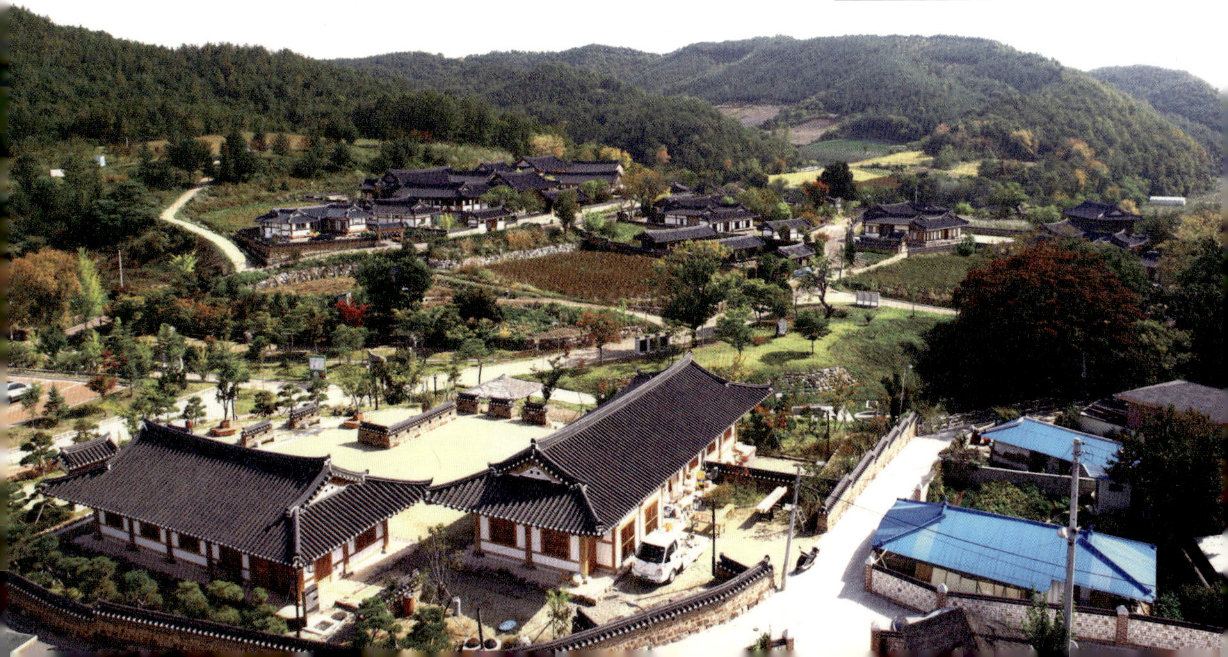

이미지 출처
p. 134. 《음식디미방》 표지와 일부분, 장계향문화체험교육원(www.yyg.go.kr/jghcenter)
p. 135. 두들마을 전경, 장계향문화체험교육원

문헌 출처
p. 36. 〈성인음〉, 장계향문화체험교육원
p. 41. 〈학발시〉, 장계향문화체험교육원
p. 67. 〈경신음〉, 장계향문화체험교육원

조선 최초의 여중군자
장계향

초판 1쇄 찍은날 2023년 6월 19일
초판 1쇄 펴낸날 2023년 6월 26일

글 김경옥 | 그림 안혜란
펴낸이 서경석
책임편집 김진영 | 편집 이봄이 | 디자인 권서영
마케팅 서기원 | 제작·관리 서지혜, 이문영
펴낸곳 청어람주니어 | 출판등록 2009년 4월 8일 (제313-2009-68호)
본사 주소 경기도 부천시 부일로483번길 40 (14640)
주니어팀 주소 서울특별시 구로구 디지털로 272 한신IT타워 404호 (08389)
전화 02)6956-0531 | 팩스 02)6956-0532
전자우편 juniorbook@naver.com
블로그 http://blog.naver.com/juniorbook
페이스북 http://www.facebook.com/chungeoramjunior

ISBN 979-11-86419-89-2 74810
　　　 979-11-86419-86-1(세트)

ⓒ 김경옥, 안혜란, 청어람주니어 2023

※ 이 책의 내용 일부 또는 전부를 재사용하려면 반드시 저작권자와 청어람주니어 양측의 동의를 얻어야 합니다.